LIDERANDO COMO NEHEMÍAS

LIDERANDO COMO
NEHEMÍAS

LIDERAZGO SIGNIFICATIVO

– DAVID L. McKENNA –

McKenna, David
    Liderando como Nehemías : liderazgo significativo / David Mc-
Kenna ; dirigido por Christian Sarmiento. - 1a ed. - Derqui : Produc-
ciones SAM, 2013.
    152 p. ; 14x20 cm.

    Traducido por: Margit Sarmiento
    ISBN 978-987-1733-39-2

    1. Vida Cristiana. I. Sarmiento, Christian, dir. II. Sarmiento, Mar-
git, trad. III. Título
    CDD 248.5

Fecha de catalogación: 13/05/2013

Título de esta obra en inglés: Becoming Nehemías
© Copyright 2005 por Beacon Hill Press of Kansas City
Traducido por: Margit Sarmiento
1ª edición

© Copyright 2013
Todos los derechos reservados.

A menos que se indique lo contrario se utilizaron para los textos bíblicos
la versión Reina Valera 1960 de Sociedades Bíblicas Unidas.

Corrección y edición: Luis Manoukian
luismanoukian@gmail.com

Diagramación: Julieta Valle
Arte de tapa: Martín Vega

Impreso por Ghione Impresores SRL

CONTENIDO

INTRODUCCIÓN 7

PARTE I: Dentro del fuego 15
    1. El hombre y su camino:
    Una mirada a Nehemías en tiempo real 16
    2. El crisol:
    Una prueba de carácter y capacidad 29

PARTE II: En el camino 43
    Diario del liderazgo de Nehemías 44
    3. El copero:
    Liderazgo para la supervivencia 47
    Diario del liderazgo de Nehemías 57
    4. El ingeniero:
    Liderazgo para la seguridad 65
    Diario del liderazgo de Nehemías 84
    5. El gobernador:
    Liderazgo que hace la diferencia en el futuro 89
    Diario del liderazgo de Nehemías 103
    6. El legislador:
    Liderazgo para la sucesión 107

PARTE III: En la balanza 125
    7. La perspectiva del tiempo:
    Una exhaustiva mirada al liderazgo 126
    8. La balanza de grandeza:
    La cualidad que no se puede enseñar 139

Introducción

¿Por qué otro libro sobre el liderazgo de Nehemías? ¿Qué más se puede decir siendo que se ha publicado tanto y bueno acerca del tema? La respuesta comienza en la Palabra de Dios.

Job compara la búsqueda humana de la sabiduría con un minero cavando en las profundidades de la tierra esperando encontrar el oro más puro y las piedras más preciosas. Sin embargo, la sabiduría es la joya que todavía lo elude. Para la comprensión humana en su máxima expresión, la sabiduría es sólo un rumor que llega a los oídos, hasta que Dios interviene. Luego, como maestro joyero, el que aprecia una joya, prueba su calidad, y confirma su valor, Dios revela el secreto de las edades: "He aquí que el temor del Señor es la sabiduría, y el apartarse del mal, la inteligencia" (Job 28:28). El libro de Nehemías es como una mina profunda con vetas de verdades en condición de ser exploradas. El liderazgo es uno de esos canales y no se ha agotado. Podemos contar con los mineros bíblicos de la siguiente generación enviando investigaciones profundas acerca de la verdad y descubriendo piedras preciosas. Dios mismo continuará honrando la investigación con revelación fresca a través del Espíritu Santo.

EL AVANCE DE LA TEORÍA

Otra razón por la cual escribir un libro acerca de Nehemías se debe a un estudio serio sobre el liderazgo. La gran cantidad de libros populares que se acumulan en los escaparates de las librerías pudieran engañarnos. La mayoría con gran contenido sobre el mercadeo, pero poco de teoría. En medio de estos éxitos de librería, sin embargo, aparecen obras basadas en estudios eruditos, investigación profunda, escritura introspectiva. Estos están avanzando en la sustancia de la materia tan rápido que el liderazgo puede muy bien convertirse en una disciplina que merece su propio lugar en las bibliotecas universitarias. Sin pretender ser un experto en la materia, me veo a mí mismo aplicando algunas de estas enseñanzas al estudio del liderazgo de Nehemías.

Me viene a la mente otra analogía, Karl Barth describió a los pioneros americanos como hombres y mujeres que se abrieron paso entre lo inhóspito con la Biblia en una mano y con un periódico en la otra. La implicación es que las dos fuentes de conocimiento se complementan —la verdad bíblica expandiendo luz sobre los sucesos actuales, y los hechos señalados en las noticias añadiendo discernimiento a las verdades bíblicas. La historia de Nehemías está tan llena de significado para el estudio del liderazgo que se convierte en candidata primordial para esta aventura a la que nos unimos, hacia la verdad.

LA BÚSQUEDA CRISTIANA

Si usted en realidad quiere saber por qué escribo, tiene que conocer mi corazón. Mientras observo la comunidad cristiana echando su suerte para el futuro en el desarrollo del liderazgo, me temo que vamos a caer en otro pozo de promesas que no se pueden cumplir. En las últimas cinco décadas he visto al cristianismo enganchar su vehículo a cualquier número de estrellas fugaces —cruzadas, evangelismo personal, crecimiento de la iglesia, plantación de iglesias, políticas conservadoras, encuestas de opinión, técnicas de mercadeo y ahora al desarrollo de liderazgo. Mientras que cada uno de estos ejes tiene valor, fallan cuando se los percibe como la solución de los males de la iglesia y la garantía para el cumplimiento de la Gran Comisión. Sin un acercamiento realista al desarrollo del liderazgo, irá por el rumbo de sus predecesores —lleno de promesas, pero fracasando en producir.

Permítame otra analogía bíblica, Jesús maldijo la higuera por tener hojas que prometían fruto para su hambre, pero por debajo sólo mostraba ramas vacías. Nuestra obsesión con el desarrollo de liderazgo es así. Promete mucho, pero produce poco. Para capturar un cliché, estilo sin sustancia o, como dicen los tejanos: "todo sombrero y nada de ganado", puede ser nuestra ruina. A menos que el desarrollo de liderazgo produzca el fruto que satisface nuestras necesidades urgentes, irá por el camino de nuestras anteriores promesas.

Pero tengo un problema, todavía creo que el desarrollo del liderazgo es la clave para el futuro de la fe. Jesús confía en el desarrollo del liderazgo para sus discípulos para asegurar la expansión del evangelio y el establecimiento de su iglesia. Por lo tanto, no nos atrevemos a permitir que la teoría secular opaque la teología bíblica. Si lo hacemos, nos quedaremos con el mismo sabor a cenizas quemadas en nuestra boca, las que han llegado con nuestras expectativas insignificantes para ganar al mundo por medios seculares. Sólo si establecemos el desarrollo del liderazgo cristiano en términos bíblicos, tendremos la oportunidad.

No será fácil pues muchas de las premisas del liderazgo bíblico contradicen directamente las premisas del liderazgo secular. Nehemías, sin embargo, nos ayuda a encontrar el balance entre ambas. Sin comprometer sus convicciones bíblicas, él sirve con completa integridad en los establecimientos seculares más difíciles. Así que mi propósito al escribir es que Nehemías nos enseñe cómo sirve un siervo cuando las condiciones están en contra nuestra o los resultados son dudosos, tanto para el clero como para los laicos. En Nehemías se rechaza la idea de que el liderazgo es fácil y que los resultados están asegurados. Una vez que lo sacamos de la condición de célebre, nos unimos a él en el viaje de liderazgo que cuadra con la realidad de nuestros propios caminos.

El método del bloque y espacio

Cuando más investigamos el liderazgo de Nehemías, más crece para nosotros. En vez de asumir que nuestro texto es la respuesta final de su éxito, reconocemos que sólo estamos sumergiéndonos dentro de su experiencia. Por lo tanto, no seguimos el patrón de comentarios que imprimen secciones de la Escritura por partes y luego las interpretan una por una. En vez, hemos escogido lo que se llama el método de enseñanza de "block-and-gap" [bloques y espacios] para poder enfatizar los puntos principales. La Universidad de Harvard usa este método para clases que cubren períodos de tiempo extensos o que incluyen gran cantidad de información, como la historia de la civilización del Occidente.

El libro de Nehemías califica para este método debido a su extensión y profundidad histórica. Como el liderazgo de Nehemías es el centro del estudio, con mayor razón se hace necesaria la decisión selectiva de "bloques" y "espacios" de material textual. Para ayudar al lector, los "bloques" de la Escritura que se escogen para este estudio, preceden los capítulos que relatan cada etapa del desarrollo de liderazgo de Nehemías. Al permitir que primero hable la Escritura por sí misma, el lector podrá coordinar el texto bíblico con el texto del libro. Los "espacios" del texto se volverán obvios inmediatamente y recomiendan que el lector tome su tiempo para leer y releer todo el texto bíblico del libro de Nehemías de diferentes versiones. Con cada lectura, el

Espíritu de Dios dará nueva información, para corregir, confirmar y ensanchar lo que en este libro se expresa.

DESARROLLANDO NUESTRO LIDERAZGO

A dondequiera que miremos, bien sea en el área secular o religiosa, el desarrollo del liderazgo se ha convertido en la esperanza para la renovación de la sociedad, sus instituciones, y para la misma iglesia. A ratos parece que todo el mundo está hablando acerca del desarrollo del liderazgo pero que nadie está haciendo nada al respecto. Por el contrario, esperamos que líderes potenciales se motiven para aplicar los principios del desarrollo por su propia cuenta. Este es ciertamente el caso que sucede con la mayoría de libros populares de liderazgo, la información es abundante, pero la aplicación es limitada. Como parte de la corrección de esta omisión, la intención de este libro es invitar a cada lector a un viaje personal de liderazgo mano a mano con Nehemías.

Al final de cada capítulo, la información adquirida de las experiencias de Nehemías las reunimos como un ejercicio práctico que podemos aplicar a nuestra propia experiencia en cualquier etapa o en cualquier posición de liderazgo. Se han diseñado los ejercicios para desarrollarlos personalmente. Comenzando con la tarea elemental de formar un plan, los desafíos se elevan a la complejidad de liderazgo desde la paradoja. También se han diseñado los ejercicios de manera interactiva.

Aunque un lector individual puede crecer en el entendimiento de liderazgo al aplicar la información de las experiencias de Nehemías a su propio viaje, el valor se multiplica si el lector se reúne con otros lectores que van por sus propios caminos. El desarrollo del liderazgo en su mejor momento incluirá siempre comunicación abierta, crítica objetiva, y rendición de cuentas obligatoria entre los compañeros. Sin embargo, una oración acompaña a estos ejercicios. Que el Espíritu Santo de Dios sea nuestro Maestro, nuestro Guía y nuestro Consolador, mientras aprendemos a guiar siendo los primeros en servir.

Con esta oración lo invito a que se una a mí al viaje de Nehemías hacia la grandeza. Aún cuando él vivió y sirvió hace casi 2.500 años, su historia es tan fresca como el último libro de liderazgo que encontremos en el escaparate como el primero de los *best-sellers*.

PARTE I

DENTRO DEL FUEGO

... Si alguno quiere ser el primero,
será el postrero de todos,
y el servidor de todos

(Marcos 9:35).

–Jesús define lo que es *grandeza*.

I - El hombre y su camino

Una mirada a Nehemías en tiempo real

Nehemías es ensalzado como un líder ideal entre las personas de carácter del Antiguo Testamento. Por lo que más lo conocen es por su trabajo de construir los muros de Jerusalén, contra viento y marea. La hazaña elogia a su persona como un hombre de Dios y, por su capacidad, como a un líder al que se lo debe tener en cuenta. Como líder práctico que concluye su trabajo, él también ha tenido un atractivo para nuestra sociedad orientada al éxito.

En este contexto, cuando queremos resaltar una moda, Nehemías ilustra nuestra tendencia de convertir a los personajes bíblicos en algo más grande de la misma vida. Tal vez por eso Nehemías es un tema favorito de libros contemporáneos sobre el liderazgo cristiano. Después de todo, cualquiera que pueda reconstruir los muros de una ciudad en 52 días recibe un estatus de celebridad en la comunidad cristiana. Nehemías merece algo mejor. Si ponemos el motor en reversa y presentamos una nota de realidad en la historia de su liderazgo, descubrimos a un hombre común haciendo un viaje peligroso con el que nos podemos identificar.

Una mirada realista a la situación

Si la oportunidad de liderazgo la definimos en términos contemporáneos de ubicación, posición y autoridad, Nehemías está severamente discapacitado. Como *judío* exiliado en una tierra pagana y retenido bajo la bota de un rey déspota, él tiene poca oportunidad de levantarse como líder de su pueblo. Además, como uno de los judíos ambiciosos que se acomodaba él mismo en la cultura babilónica para sobrevivir, Nehemías tiene que levantar sospechas entre sus compañeros.

Si bien su papel como copero del rey da fe de su integridad y lealtad, él es ante todo un *sirviente*. En el antiguo Este, la posición de copero se concebía comúnmente como un mayordomo sirviendo los caprichos y fantasías de un dictador. Su mayor discapacidad, sin embargo, era su estatus como miembro del laicado. Históricamente, el liderazgo de Israel está en las manos de los patriarcas, sacerdotes, jueces y profetas, a los cuales Dios visitaba y ungía por su Espíritu.

En vez, Nehemías regresa a casa, a Israel, con la autoridad delegada por un rey secular debido a la "mano de la gracia de Dios". Esto explica la razón por la que su primera incursión alrededor de los muros para investigar la situación la hace bajo la oscuridad. Como un profeta sin honor en su propio país, podemos entender cómo podrían recibirlo como aventurero llegando del exilio sin el estatus de la posición o la autoridad de Dios.

Finalmente, Nehemías tiene el reto de servir un papel *secular* en un establecimiento religioso. Su tarea de liderazgo de reconstruir los muros requiere la habilidad de un ingeniero, y su responsabilidad para reconstruir o reformar la nación demanda la capacidad de un gobernador. Aunque él tiene el completo apoyo de la base moral y espiritual para estas tareas, él le deja las funciones sagradas a Esdras, el sumo sacerdote, y a sus compatriotas entre los levitas.

Con estas discapacidades aparentes, Nehemías merece nuestro respeto más profundo como persona laica que toma el riesgo de un papel secular para influenciar un cambio moral y espiritual. Esta es la prueba de fuego de un liderazgo piadoso. Una cosa es llegar al liderazgo a un establecimiento religioso con las credenciales de una ordenación sagrada, y completamente diferente, encontrar ministerio con un papel *secular* sin ninguna autoridad sagrada más que la de su propia devoción y espíritu de servicio.

Una mirada realista a Dios

Tarde o temprano, cada uno de nosotros nos encontraremos con un desafío de liderazgo similar al de Nehemías.

A mediados de 1970 Daniel J. Evans, gobernador del estado de Washington, en los Estados Unidos, me pidió presidir un comité selecto para estudiar el juego de azar después de que pasaron un referendo que revirtió una prohibición de mucho tiempo atrás contra los juegos de azar. Debido a que el referendo permitía todo, desde el bingo hasta juegos de casino y loterías, el gobernador quería que yo ayudara a preparar una legislación para trazar las líneas sobre los límites. Todas mis predicaciones y enseñanzas acerca de nuestra responsabilidad cristiana para el ambiente moral de nuestra cultura regresaron para perseguirme. Después de orar y recibir consejo, acepté la cita y me encontré a mí mismo en "la tierra de nadie" de la política secular.

Así como Nehemías fue llamado al liderazgo como laico judío que tenía una posición de mayordomo en la corte de un rey pagano, yo era un miembro del clero de una comunidad cristiana que creía en lo malo de los juegos de azar. Los medios de comunicación tuvieron su fiesta con mi cita y los líderes cívicos me advirtieron acerca de amenazas de violencia. Sin embargo, seguimos adelante, dando justicia a todas las voces, explorando los hechos en otros estados, y finalmente haciendo una recomendación que permitiera el bingo, rifas y billetes de lotería, pero que prohibiera los juegos de casino y una lotería organizada por el estado.

A través de esta experiencia, sé la razón por la que Nehemías tenía tal confianza en la soberanía de Dios. Cada vez que debía presidir las sesiones de la comisión, comenzaba mi día lanzándome sobre la misericordia de Dios. Nunca antes, ni desde entonces, he dependido tanto de Dios. Como Nehemías, oré a Dios para que me apoyara en la decisión inicial, me fortaleciera en tiempos de conflicto, y me salvara de mis enemigos, y que en su gracia me recordara cuando escribí un reporte siendo parte de la minoría, oponiéndose a la recomendación final de la comisión. Debido a esta experiencia, los invito a una mirada realista hacia Nehemías, el hombre y el líder.

UNA MIRADA REALISTA AL HOMBRE

Desde el principio sabemos que Nehemías es un hombre *leal*. Mucho antes de que a él se le pudiera confiar como el copero del rey, tenía que pasar una prueba muy difícil de lealtad. Él es un israelita en el exilio, y una desconfianza natural lo sigue. El rey Artajerjes tiene toda la razón de sospechar que un judío trate de envenenarlo para comenzar un golpe o para buscar venganza por una nación exiliada.

Cualquiera que fuera el proceso de prueba, Nehemías gana completamente la confianza del rey como un leal en quien puede confiar. Al mismo tiempo no hay ninguna señal en la Escritura de que Nehemías comprometa su fe aun cuando se ven estatuas de Artajerjes virtualmente en cada esquina de Babilonia. Los súbditos del rey tienen que adorar en estos santuarios bajo la pena de muerte, pero de alguna manera Nehemías gana una exención como judío que rehúsa inclinarse ante una imagen grabada. Recordamos al rey Herodes llamando a Juan el Bautista para tener conferencias privadas y al rey Festo llegando a estar tan cerca de creer, después de conocer al apóstol Pablo. Aun los déspotas tienen curiosidad por lo genuino.

Con la valentía de sus convicciones, Nehemías nos muestra lo que significa un *hombre de confianza.* A lo largo de su autobiografía, conocemos a un hombre que sabe cómo vivir bajo autoridad. Él respeta y obedece las reglas dictatoriales del rey Artajerjes, pero mantiene la soberanía de Dios como su autoridad suprema. Cuando él dice: "según la benéfica mano de mi Dios sobre mí" (2:8), "el Dios de los cielos, él nos prosperará" (2:20), o "lo que Dios había puesto en mi corazón" (2:12), se presenta como un hombre con tal confianza en la soberanía de Dios, que estaba dispuesto a tomar riesgos en nombre de Él. ¡Qué balance tan delicado! Con un pequeño empujoncito hacia un lado u otro, Nehemías puede convertirse en un tirano de guerra o en un cobarde tembloroso. En cambio, él cabalga sobre el filo de una cuchilla para mostrar el poder y la gloria de su Dios. La confianza en el Señor soberano es una cualidad indispensable del liderazgo piadoso para cualquier generación.

La obediencia total a la voluntad de Dios no le roba a Nehemías su libertad. Como se ha testificado a través del espíritu de sus oraciones, él es un hombre *devoto* que posee una relación íntima con su Señor. Él puede confesar su parte con los pecados de su pueblo, pedir confirmación para sus planes, rogar por fortaleza mientras trabaja, clamar por intervención cuando es atacado, unirse a su gente en acción de gracias, y expresar dudas acerca del éxito de su liderazgo. Ninguna de estas oraciones es una petición oficial requerida por la ley o la liturgia de adoración. Éstas saltan del corazón de un creyente que posee como capital espiritual su fe a prueba en un campo secular, tal como la corte del rey Artajerjes, o en un papel secular, tal como el de gobernador de Jerusalén y de Judá.

¿Se pondrá de pie el verdadero Nehemías? Al hacerlo, vemos a una persona que llega al liderazgo con un balance de incapacidades situacionales y bienes personales. Debido a que él es tan parecido a nosotros, podemos aprender más de su experiencia que si lo hubieran promocionado como un héroe idealista de un tiempo antiguo con una vida llena de historias. El mismo toque de realismo lo necesitamos al considerar unirnos a él en su viaje de liderazgo.

UNA MIRADA REALISTA A SU TRAVESÍA

Como ya hemos señalado, el liderazgo de Nehemías es el tema de muchos buenos libros de la literatura cristiana. ¿Cómo explicamos su popularidad? También hemos visto que Nehemías apela a nuestro interés contemporáneo en liderazgo debido a que él es alguien que hace y obtiene resultados. En nuestro interés de aprender de él, sin embargo, existe la tendencia de hacer que su travesía como líder parezca una línea ascendente de un éxito al otro. Como muchos de los modelos de liderazgo que se recortan y se imprimen, por lo tanto, el realismo nos desanima, cuando tratamos de llevarnos el modelo a casa. Este error no es fatal. Al ser reales sobre el transitar de Nehemías, no sólo controlamos el idealismo que causa que el modelo falle, sino que también creamos un ambiente de entendimiento que nos detiene de desanimarnos.

Una mirada realista a la travesía de Nehemías comienza con el hecho de que su liderazgo se *desarrolla* y no es estático. O, en lenguaje común, el liderazgo es una maratón, no un paseo. Muchos de los libros que escriben de la experiencia de Nehemías siguen el formato de un comentario bíblico donde se interpretan porciones de la Escritura como si fueran segmentos que estuvieran por sí solos. Este enfoque crea la impresión de que el liderazgo es una serie de sucesos discretos sin un desarrollo continuo. En cada uno de esos hechos, quien comenta encuentra algunos principios bíblicos que se pueden aplicar en el escenario contemporáneo. El resultado, sin embargo, es un cuadro de liderazgo enmarcado como un montaje de sucesos y respuestas. Sabemos que este no es el caso.

El liderazgo es un proceso continuo de desarrollo con todos los comienzos, paradas, y rachas de peregrinaje. Las fotografías instantáneas no son suficientes. Necesitamos una cámara que no se detenga para filmar la acción y el progreso. Una vez que la cámara comience a filmar, el viaje del liderazgo de Nehemías se convierte en un movimiento dinámico con el cual nos podemos identificar personalmente.

Otra nota de realismo nos recuerda que la experiencia del liderazgo de Nehemías es *situacional* en vez de individual. Frecuentemente, las personas son arrojadas dentro de situaciones de liderazgo en vez de buscar oportunidades para liderar. Aun así, el debate sigue. ¿Medimos el liderazgo efectivo con características individuales o circunstancias situacionales? ¿O es un balance entre estos factores? Las respuestas a estas preguntas determinarán si podemos enseñar liderazgo en un salón de clases y luego poner a prueba lo aprendido en el mundo "real".

Los libros sobre el liderazgo de Nehemías destacan el carácter y la capacidad del hombre. Su situación en los diferentes establecimientos de Babilonia, Jerusalén e Israel no es ignorada, pero a la influencia de estos establecimientos sobre su estilo de liderazgo y a su efectividad no se le da el énfasis que merece. Una vez que insertemos estos diferentes establecimientos dentro del proceso de desarrollo, el liderazgo de Nehemías toma una forma diferente de la cual podemos adaptar, cambiar y crecer. Una vez que añadimos la riqueza de los antecedentes cambiantes dentro del cuadro en movimiento del viaje de Nehemías, nuestro estudio toma la realidad de aprender a liderar en un tiempo en el que la velocidad del cambio lo comparamos a un campo de juego con una cerca movible. Los éxitos del ayer se convierten en los fracasos de hoy.

El realismo entra nuevamente a escena cuando nos damos cuenta de que el desarrollo del liderazgo es *complejo* en vez de simplista. Un enfoque de liderazgo de porciones impresas apela al mercado popular que está ansioso de un "remedio rápido" con una acción ejecutiva. Las soluciones de un minuto, analogías que se recuerdan fácilmente, y listas de frases de "cómo hacer…" pueden vender libros y llenar seminarios, pero quedan cortos en liderazgo cuando se presentan las situaciones.

El liderazgo es complejo, desordenado y lleno de contradicción. La paradoja, ambigüedad y sorpresa son los elementos del liderazgo. Si Nehemías resucitara hoy y leyera algunos de los libros que han simplificado y desinfectado, probablemente gritaría: "Ustedes no tienen ni la más remota idea por lo que tuve que pasar". Para ser justos con él, necesitamos indagar la complejidad que hace que su liderazgo sea tan parecido a nuestra experiencia de hoy. Más que mirar cómo Nehemías camina triunfantemente sobre las circunstancias de la siempre cambiante escena, necesitamos caminar en sus sandalias mientras que lucha con las complejidades y contingencias de su disparejo peregrinaje.

A riesgo de la crítica, una mirada realista al viaje de liderazgo de Nehemías expone la tendencia de espiritualizar la experiencia al costo de su *humanidad*. No hay duda en lo absoluto acerca de la integridad espiritual y madurez de Nehemías. Ya hemos visto que él es fiel, confiable y un hombre devoto de Dios. Su profundidad espiritual es una constante que lo alaba como modelo de liderazgo piadoso y lo lleva a través del éxito y del fracaso. Sin embargo, surge un problema, si el resplandor de su carácter opaca una visión realista de su capacidad. De una manera práctica, Nehemías nos muestra habilidades en planear, organizar e implementar para lograr resultados. Él nunca usa su espiritualidad como sustituto para esas habilidades.

En el libro que lleva su nombre, encontramos todas las pasiones de conflicto, frustración, éxito y fracaso que constituyen la experiencia de liderazgo humano. En esas pasiones vemos a Nehemías como uno de nosotros. Al ver cómo su espiritualidad y su humanidad trabajan juntos bajo el llamado de Dios, nos unimos a Nehemías en el peregrinaje de liderazgo. Con él, nos damos cuenta de que la constancia de nuestra devoción es un poder que nos sostiene en las contingencias del cambio.

Nehemías merece ser honrado como líder por excelencia, a pesar de un viaje hacia el liderazgo que es de desarrollo, situacional, complejo y humano. Él es un trabajo en proceso, cuyo liderazgo es probado en una variedad de situaciones que lo retan de nuevo y revelan tanto sus fortalezas como sus debilidades. Una lectura realista de la historia de Nehemías no disminuye la naturaleza de la revelación ni minimiza las lecciones espirituales que debemos aprender. Todo lo contrario.

Una de las pruebas de la inspiración divina de la Escritura es la verdad sin barnizar acerca de todos nuestros héroes bíblicos, bien sean profetas, sacerdotes, y reyes del Antiguo Testamento, o apóstoles, diáconos y discípulos del Nuevo Testamento. Nehemías se une a esta compañía como líder de carne y sangre bajo el llamado de Dios con el que nosotros nos podemos identificar y de quien tenemos mucho que aprender.

DESARROLLANDO NUESTRO LIDERAZGO

Ejercicio 1

¿Cómo escribiría usted una autobiografía de su itinerario de liderazgo hasta este momento? Comience eligiendo un título para el libro que resume su experiencia. Titule cada etapa de su viaje como un capítulo, y combine los capítulos dentro de la tabla de contenido. Sea creativo. Permita que los títulos de los capítulos describan realmente un peregrinaje con sus comienzos y sus paradas, sus desvíos y déle más, intersecciones y momentos decisivos. Como ejemplo, yo seguí mi propio camino bajo el título de *Gracia Asombrosa,* porque yo llegué al liderazgo bajo circunstancias abrumadoras. Tal vez usted pueda sentir el menguar y el fluir durante el camino de mi vida con los títulos de estos capítulos:

1. Una marca de calidad para ser quemada

2. El niño al otro lado de los rieles

3. El dolor de crecer en santidad

4. Despertado por la grandeza

5. Una caminata académica de cangrejo

6. Un momento de santificación

7. Puedes ir nuevamente a casa

8. El camino no tomado

9. Un salto cuántico

10. Quince minutos de fama

11. Un viaje hacia la puesta del sol

12. El don de cosas más grandes

Haga pasar su historia por la misma prueba. ¿Es intrigante? ¿Refleja realidad? ¿Le enseñará a otros? ¿Los resultados finales honran su carácter y capacidad, y glorifican a Dios? Nuestra historia cuenta que somos humanos, que somos falibles, que somos bendecidos y que somos escogidos. Algunos de nosotros nos convertimos en líderes, y otros fallan a lo largo del camino. ¿Qué establece la diferencia? La respuesta puede estar en una experiencia que llamamos el "crisol" en donde se prueba el carácter y se adquiere capacidad.

2 - El crisol

Una prueba de carácter y capacidad

¿Los líderes nacen o se hacen? Esta pregunta no respondida toma su lugar en el mismo foro que pregunta: ¿Está la personalidad humana determinada por la naturaleza o por la educación? Hasta la fecha, ningún genetista ha apartado un gene que identifique a los líderes de nacimiento, y los psicólogos todavía luchan en su búsqueda de un rasgo que separe a nuestros líderes de los que no lo son. Por otro lado, los sociólogos e historiadores no pueden estar de acuerdo en las circunstancias y/o sucesos que llevan a una persona hacia el liderazgo. Tratar de responder si los líderes nacen o se hacen es como trabajar con el revés de un edredón desorganizado en el cual vemos los nudos, pero que no tenemos ni idea del patrón.

El liderazgo es igualmente enredado y complejo. ¿Cómo identificamos a los futuros líderes? ¿Qué necesitan saber acerca de las teorías de liderazgo? ¿Qué clase de experiencias deberían ser parte de su preparación? ¿Cómo podemos predecir su éxito o su fracaso? ¿Por dónde comenzamos?

El modelo del crisol

Warren Bennis y Robert Thomas escribieron un libro intrigante titulado *Geeks and Geezers, [Tecnócratas y Anticuados]* (Boston: Harvard Business School Press, 2002). Utilizando una encuesta de líderes empresariales como base para su estudio, los autores proponen un modelo de desarrollo de liderazgo que incluye cuatro factores:

El *contexto* es la época en la cual los líderes se desarrollan.

El *carácter* son los valores que los individuos traen al liderazgo.

El *crisol* de la experiencia es el lugar de testimonio en donde los líderes se preparan.

Las *habilidades* para el liderazgo son las competencias para el liderazgo futuro que se forman en el crisol (p. 89).

Una sinopsis de los escritos de Bennis y Thomas, sobre cada uno de estos factores, mostrará cómo funciona su modelo de desarrollo de liderazgo.

El contexto. Los *anticuados* son líderes mayores nacidos por 1925 o cuyas vidas se formaron durante la Gran Depresión y la Segunda Guerra Mundial. Ellos son producto de una Era de Límites. Los *tecnócratas* son líderes jóvenes menores de 30 años que nacieron después de 1975 y en un tiempo de afluencia, alta tecnología, y una economía global. Son producto de una época de opciones. Los valores personales que estas dos generaciones traen al liderazgo son dos mundos aparte.

El carácter.

Los anticuados	*Los tecnócratas*
Su meta es ganar para la vida	Quieren hacerse una vida
Quieren hacer la historia	Aprenden de la historia
Están orientados hacia el éxito externo	Están más interesados en una identidad propia interna
Buscan estabilidad	Buscan significado
Tienen un estilo de liderazgo de mando y control	Tienden a ser más colaboradores y creativos
Necesitan un mapa para liderar	Piden solo una brújula
Piensan de sí mismos como ejecutivos	Prefieren ser conocidos como empresarios
Leen los clásicos	Navegan en Internet
Tienen héroes	Idolatran a las celebridades

Así podríamos seguir y seguir, mencionando la comparación entre estas dos generaciones de líderes. De hecho, podríamos parar justo aquí y pasar el resto del tiempo preguntando cómo desarrollamos *tecnócratas* como líderes para el futuro. O podríamos preguntar acerca de la generación actual de líderes que están en algún lugar entre los *anticuados* y los *tecnócratas.* Por otra parte, podríamos preguntarnos acerca del efecto del terrorismo sobre la siguiente generación de líderes. ¿Lo sucedido el 11 de septiembre nos vuelve a arrojar hacia una Época de Límites, no de bienestar económico, sino de libertad humana?

Nuestro tema tiene más preguntas que respuestas. Sabemos que no podemos ponerle un modelo de desarrollo de liderazgo de "cortar e imprimir" al futuro de la iglesia. Como *anciano,* confío en una declaración de misión y un plan estratégico con indicadores claves para la evaluación de resultados. ¿Pero exigirán más que una brújula los *tecnócratas* de hoy y los líderes del mañana? Si es así, ¿cuál será la brújula que les dará un sentido de dirección? Nuestra agenda para el liderazgo del futuro tendrá que incluir estas preguntas.

El crisol. A pesar de la gran extensión de diferencias entre los valores individuales, Bennis y Thomas afirman que los *tecnócratas* y los *anticuados* traen a la mesa de liderazgo algo en común. En preparación para el liderazgo, pasan por lo que los autores llaman la experiencia de la "llama blanca" de un "crisol", en la que sus valores se ponen a prueba, a menudo por la adversidad, sus capacidades se agudizan, a menudo a riesgo de fracaso, para un papel futuro de liderazgo.

Las historias de la vida de Nelson Mandela y John McCain son ejemplos dramáticos. En ambos casos, el sufrimiento del encarcelamiento y la tortura no los quebrantó ni los destruyó. En cambio, salen del crisol de sufrimiento con una fuerza de acero de identidad propia y con una visión telescópica para el cambio que los arroja hacia el liderazgo.

Después de revisar los resultados de sus modelos, Bennis y Thomas concluyen que la experiencia del crisol es tan esencial para el desarrollo de líderes, que están escribiendo su siguiente libro titulado *El crisol*. Ellos sienten que pueden haber descubierto un punto de inicio universal para entender cómo se hacen los líderes, si es que no nacen así.

Las capacidades. De acuerdo a Bennis y Thomas, el crisol es el lugar en donde las capacidades para el liderazgo futuro pasan por fuego, allí se forman y se refinan:

1. La habilidad de adaptarse a las circunstancias cambiantes,

2. un nuevo panorama del mundo en el que ellos viven,

3. una historia que tiene significado para otros, y

4. un sentido impecable de integridad personal (pp. 121-122).

Fácilmente uno puede ver que estas capacidades son más que un conjunto de habilidades o una caja de herramientas para el liderazgo. La flexibilidad, visión, significado e integridad son como los óleos en la paleta del artista. Cuando se aplican al lienzo con pincelazos cuidadosos de forma, línea y color, el liderazgo se convierte en un arte.

APRECIACIONES DEL CRISOL

El crisol es más que un salón de clases en donde aprendemos sobre el liderazgo. Es un laboratorio en donde probamos nuestro aprendizaje bajo la llama ardiente del riesgo y, a menudo, la adversidad. De esta experiencia, *se descubren futuros líderes.* Bennis y Thomas escriben: *"La habilidad de encontrar significado y fortaleza en la adversidad distingue a los líderes de los no líderes"* (p. 108).

Para personalizar esta lección, deténgase y piense acerca de grandes líderes de la historia o aquellos que han fundado nuestras instituciones y cambiado nuestras vidas. Después de leer o escuchar sus historias, puedo recordar experiencias del crisol por las que ellos pasaron. A nuestros héroes bíblicos se los conoce por los crisoles que experimentaron —Moisés en el desierto, David en los campos, Jesús en el desierto, Pedro en el patio real, y Pablo en Damasco. Aún más personal, espero que cada uno de nosotros, que hemos sido llamados a liderar, podamos mirar hacia atrás y ver el crisol que experimentamos en nuestras propias vidas.

Condoleezza Rice, secretaria de Estado de los Estados Unidos, ha servido como una de las mujeres más poderosas del mundo. Como Consejera de Seguridad Nacional para el Presidente George Bush, una función en la que ella sirvió antes de su posición actual, dio recomendaciones y tomó decisiones que resonarán en el mundo en los siguientes años. Con todo, sin ninguna pretensión, Rice habla de su fe cristiana y confiesa su dependencia de la oración. Camino hacia la cima, ella sirvió como administradora de alto rango en la Universidad de Stanford. Con la responsabilidad de cortes de presupuesto masivos y decisiones personales difíciles, ella despidió a profesores y estudiantes por igual. Mientras estaba en el calor de este crisol, ella predicó un sermón en la Iglesia Presbiteriana de Menlo Park bajo el tema: *"El privilegio de la lucha"* (*Christianity Today*, 22 de agosto, 2003). Ella dijo:

> "La lucha y la tristeza no dan licencia para que uno dude, se autocompadezca, o viva en derrota, sino una oportunidad para encontrar un espíritu renovado y fuerza renovada para seguir adelante. ¿De qué otra manera, sino a través de la lucha podremos conocer la medida plena de la capacidad de intervención del Señor en nuestras vidas? Si no existieran las cargas, ¿cómo podríamos saber que Él estaría allí para levantarlas?"

Sospecho que Condoleezza Rice identificaría su lucha en la posición de administradora en Stanford como la experiencia del crisol que la preparó para uno de los roles de liderazgo más demandantes en el mundo.

Rice nos guía a otra apreciación: *Aún cuando los líderes futuros fallen mientras pasan por el crisol, ellos lo usan como una oportunidad para aprender, cambiar, y crecer.*

El hecho vuelve a nosotros una y otra vez. Aprendemos, cambiamos, y crecemos más en la adversidad que en la prosperidad. El viaje de liderazgo va por un camino dispar. El éxito se mezcla con el fracaso. El fracaso y no el éxito es lo que separa a los líderes de los que no lo son. Invariablemente, cuando un líder falla, le sirve como experiencia de aprendizaje. Cuando un líder falla, el mundo entero se le derrumba.

Mi historia favorita la leí en otro de los libros de Warren Bennis. Tom Watson, fundador de IBM, llamó a su oficina a un ejecutivo joven, que acababa de perder 10 millones de dólares en un proyecto de riesgo. Temiendo lo peor, el joven ejecutivo dijo: "Creo que usted espera mi renuncia". A lo que Watson contestó: "¡Usted no puede estar diciendo esto en serio. Acabamos de gastar 10 millones de dólares educándolo a usted!" (*Leaders: Four Strategies for Taking Charge* [New York: Harper and Row, 2985], p. 76). La respuesta de Watson tipifica la actitud de futuros líderes en el crisol. El éxito es un catalizador, y el fracaso es un maestro.

Nuestro conocimiento se profundiza mientras nos damos cuenta de que *el camino del liderazgo es la historia de cambiar de un crisol a otro mientras que el individuo avanza hacia una visibilidad más alta y de mayor responsabilidad*. Regresando a la premisa de que la preparación para el desarrollo de liderazgo es un viaje más que una excursión corta, vemos cómo los líderes pasan de un crisol a otro mientras van pasando de una posición a otra. También vemos que el calor del crisol aumenta mientras el líder avanza.

Jesús, por ejemplo, se enfrenta con preguntas hipotéticas de Satanás en el crisol de la tentación del desierto. Pero cuando Él llega al jardín de Getsemaní, los asuntos escalan a decisiones de vida y muerte de consecuencia inmediata.

La experiencia de Jesús en tiempo real añade la revelación más profunda de todas. Cuando nosotros entramos al crisol, nos embarcamos en dos viajes —un viaje de liderazgo en el que nos levantamos en visibilidad y responsabilidad y un viaje espiritual en el que descendemos a las profundidades de nuestro carácter y fe. Parker J. Palmer en su libro *Let My Life Speak [Deje que mi vida hable]*, (San Franciso: Jossey-Bass Publishers, 2000) escribe que "el viaje espiritual no es como un 'paquete de viaje' libre de problemas, vendido por una compañía de turismo. Es más parecido al peregrinaje antiguo —un viaje transformador hacia un centro sagrado lleno de dificultades, oscuridad y peligro" (p. 18).

Más adelante en el libro, Parker menciona dos pensamientos acerca del camino espiritual, atribuidos a Annie Dillard. Uno es que el viaje "nos llevará hacia adentro y abajo, hacia las realidades más difíciles de nuestras vidas, en lugar de hacia fuera y arriba, hacia lo abstracto, la idealización y la exhortación. El viaje espiritual corre contra el poder del pensamiento positivo" (p. 80). Pero luego, como dice Dillard: "Si nos subimos sobre esos monstruos hasta llegar al fondo, nos encontramos con algo precioso" una comunidad de otros viajeros que han llegado a un lugar de la "entereza escondida" (pp. 80-81).

Mientras que el recorrido del liderazgo se caracteriza por "movilidad hacia arriba" hacia la visibilidad y la responsabilidad, nuestra camino espiritual es lo que Henri Nouwen llama "movilidad hacia abajo" hacia el riesgo y la adversidad de una autoentrega de amor. Estos dos senderos no se pueden caminar separadamente. Si lo hacemos, el liderazgo nos lleva a la corrupción, y la espiritualidad a la inefectividad. Sin embargo, si los unimos, éstos convierten la paradoja del "liderazgo cristiano" en una fuerza cohesiva de carácter y capacidad inigualable en su influencia para el bien.

El espíritu de siervo

¿Qué tiene que ver esto con Nehemías? Nuestro héroe es un ejemplo primordial de un sirviente que sale de la experiencia del crisol formada por el fuego para el papel de liderazgo. Nehemías tiene el carácter para hacer lo correcto y la capacidad para que se hagan bien las cosas. Mientras él crece en estatura, él baja a lo profundo en espíritu. El éxito y el fracaso van mano a mano con su popularidad y adversidad, celebración y desesperación. El liderazgo tiene su glamour, pero no sin su apretón.

Únase a mí, en el viaje de Nehemías mientras que él está siendo formado para el liderazgo en el calor y la presión del crisol como copero del rey. De los fuegos de esa experiencia, Nehemías responde a la desesperación de su gente y se convierte en el ingeniero de Dios para reconstruir los muros de Jerusalén en tiempo récord. Tal vez en reconocimiento a su éxito, el rey Artajerjes lo nombra como gobernador de la provincia con la agenda para reconstruir la nación y renovar su espíritu.

De nuevo, Nehemías tiene un éxito poco usual al unirse con Esdras para restaurar el pacto de Dios con su pueblo escogido y para restablecer la ley de Moisés como principio de gobierno. Pero es triste decir, que la pureza de la nación tiene una vida corta. Cuando Nehemías regresa de Babilonia para su segundo mandato, él encuentra a la nación revolcándose en corrupción moral y espiritual. Tan desesperante como pudo haber sido, mantuvo su curso y se convirtió en un reformador agresivo en contra de los líderes infieles que contaminaban el templo santo y violaban su pacto con el Dios santo. Dando un suspiro profundo en su oración final, se cierra su libro y desaparece de la escena bíblica y de la historia secular.

Líderes no reconocidos del laicado aplaudirán especialmente a Nehemías como su héroe. Él es un hombre común en el exilio secular que guarda su fe, amor por su gente, y cumple su deber. Dios no lo llama a él ni lo unge para su labor. Él simplemente responde a las necesidades de su gente y se da cuenta de que la mano de Dios, llena de su gracia, está sobre él. Puede que carezca del drama de la zarza ardiente, y que falte el cielo estrellado del patriarca, pero Nehemías es uno de nosotros. ¿Quién sabe qué nos espera cuando Dios nos ponga en el crisol?

Desarrollando nuestro liderazgo

Ejercicio 2

¿Cómo se aplica el modelo del crisol a nuestro desarrollo como líderes cristianos? Ahora vemos las dimensiones espirituales en el modelo de Bennis y Thomas:

• *Contexto es la época en la que recibimos el llamado a servir.*

• *Carácter es la integridad espiritual que traemos al liderazgo.*

• *El crisol es el lugar en donde somos probados por fuego.*

• *Capacidades son las cualidades que el fuego produjo para el liderazgo futuro.*

Permítame darle un ejemplo personal.

Al final de la segunda década de mi vida me ofrecieron una posición como asistente de profesor de la educación superior de la Universidad del Estado de Ohio. Aunque la educación superior cristiana todavía era mi llamado, yo sentí como si necesitara probar mi habilidad para hacer una investigación profunda y enseñar a nivel doctoral en un establecimiento secular. Ahora me doy cuenta de que creé mi propio crisol para aprender cómo dirigir. En mi primera entrevista para el trabajo, la llama del crisol fue puesta en alto. El estado de Ohio era conocido como la base fuerte para el instrumentalismo de John Dewey y el conductismo de B. F. Skinner, particularmente en el campo de la psicología y la educación.

Cuando me presenté delante de todos los facultativos de la Universidad, antes de la cita formal, la conversación comenzó con una pregunta cínica: "¿Qué hace un teísta como usted en este lugar?" Antes de que pudiera contestar, otro profesor desafió a su colega: "¿Por qué no? ¿Nos asusta que él nos contamine?" Desde entonces, mientras enseñaba historia, filosofía y el currículo de educación superior americana, afilé mi entendimiento de la educación superior cristiana durante las conversaciones diarias con profesores que profesaban abiertamente su ateísmo o su agnosticismo en la clase.

Cuando Dios me llamó de regreso a la Universidad de Spring Arbor, estuve listo para responder con una mente ágil y un corazón apasionado. Había descubierto el distintivo de la educación superior cristiana en el concepto de integración de la fe, aprender y vivir en el plan de estudios, en el *campus*, y después de la graduación. Vi promulgado ese concepto en cada institución donde serví. Mi motivo de vida, misión y ministerio fueron formados en la llama blanca del crisol en el estado de Ohio.

Ahora es su turno. De lo registrado de su camino hacia el liderazgo (Ejercicio 1), hágase tres preguntas:

¿Cuál es el crisol que ha tenido más influencia sobre mi liderazgo en estos momentos?

¿Cómo se probó mi carácter?

¿Qué habilidades aprendí que sean las más evidentes en mi liderazgo actual?

Usted se sorprenderá de las revelaciones que obtendrá de este ejercicio, especialmente cuando usted cuente su historia a un colega y también cuando escuche sus historias.

PARTE

II

EN EL CAMINO

... Yo servía de copero al rey
(1:11).

–La preparación de Nehemías
para el liderazgo.

Diario del liderazgo de Nehemías

Capítulos 1:1–2:10

El llamado de Nehemías (1:1-3)

Palabras de Nehemías hijo de Hacalías. Aconteció en el mes de Quisleu, en el año veinte, estando yo en Susa, capital del reino, que vino Hanani, uno de mis hermanos, con algunos varones de Judá, y les pregunté por los judíos que habían escapado, que habían quedado de la cautividad, y por Jerusalén.

Y me dijeron: El remanente, los que quedaron de la cautividad, allí en la provincia, están en gran mal y afrenta, y el muro de Jerusalén derribado, y sus puertas quemadas a fuego.

La confesión de Nehemías (1:4-11)

Cuando oí estas palabras me senté y lloré, e hice duelo por algunos días, y ayuné y oré delante del Dios de los cielos.

Y dije: Te ruego, oh Jehová, Dios de los cielos, fuerte, gran-

de y temible, que guarda el pacto y la misericordia a los que le aman y guardan sus mandamientos; esté ahora atento tu oído y abiertos tus ojos para oír la oración de tu siervo, que hago ahora delante de ti día y noche, por los hijos de Israel tus siervos; y confieso los pecados de los hijos de Israel que hemos cometido contra ti; sí, yo y la casa de mi padre hemos pecado.

En extremo nos hemos corrompido contra ti, y no hemos guardado los mandamientos, estatutos y preceptos que diste a Moisés tu siervo. Acuérdate ahora de la palabra que diste a Moisés tu siervo, diciendo: Si vosotros pecareis, yo os dispersaré por los pueblos; pero si os volviereis a mí, y guardareis mis mandamientos, y los pusiereis por obra, aunque vuestra dispersión fuere hasta el extremo de los cielos, de allí os recogeré, y os traeré al lugar que escogí para hacer habitar allí mi nombre. Ellos, pues, son tus siervos y tu pueblo, los cuales redimiste con tu gran poder, y con tu mano poderosa. Te ruego, oh Jehová, esté ahora atento tu oído a la oración de tu siervo, y a la oración de tus siervos, quienes desean reverenciar tu nombre; concede ahora buen éxito a tu siervo, y dale gracia delante de aquel varón. Porque yo servía de copero al rey.

La asignación de Nehemías (2:1-6)

Sucedió en el mes de Nisán, en el año veinte del rey Artajerjes, que estando ya el vino delante de él, tomé el vino y lo serví al rey. Y como yo no había estado antes triste en su presencia, me dijo el rey: ¿Por qué está triste tu rostro? pues no estás enfermo. No es esto sino quebranto de corazón.

Entonces temí en gran manera. Y dije al rey: Para siempre viva el rey. ¿Cómo no estará triste mi rostro, cuando la ciudad, casa de los sepulcros de mis padres, está desierta, y sus puertas consumidas por el fuego?

Me dijo el rey: ¿Qué cosa pides?

Entonces oré al Dios de los cielos, y dije al rey: Si le place al rey, y tu siervo ha hallado gracia delante de ti, envíame a Judá, a la ciudad de los sepulcros de mis padres, y la reedificaré.

Entonces el rey me dijo (y la reina estaba sentada junto a él): ¿Cuánto durará tu viaje, y cuándo volverás? Y agradó al rey enviarme, después que yo le señalé tiempo.

LA VALENTÍA DE NEHEMÍAS (2:7-10)

Además dije al rey: Si le place al rey, que se me den cartas para los gobernadores al otro lado del río, para que me franqueen el paso hasta que llegue a Judá; y carta para Asaf guarda del bosque del rey, para que me dé madera para enmaderar las puertas del palacio de la casa, y para el muro de la ciudad, y la casa en que yo estaré. Y me lo concedió el rey, según la benéfica mano de Jehová sobre mí.

Vine luego a los gobernadores del otro lado del río, y les di las cartas del rey. Y el rey envió conmigo capitanes del ejército y gente de a caballo.

Pero oyéndolo Sanbalat horonita y Tobías el siervo amonita, les disgustó en extremo que viniese alguno para procurar el bien de los hijos de Israel.

3 - El copero

Liderazgo para la supervivencia

Cada vez que leo la historia de Nehemías, me detengo a pensar cuando él declara: "Yo era el copero del rey". Esta frase sencilla está llena de significado para entender el liderazgo de Nehemías. Como copero del rey, Dios lo está capacitando para la tarea especial de reconstruir los muros de la Ciudad Santa. El modelo del crisol nos ayuda a entenderlo a él y su preparación para el liderazgo.

El crisol del copero

El contexto del exilio. La historia del viaje de liderazgo de Nehemías comienza con su servicio de copero al rey de Babilonia. Los judíos habían sido exiliados a esa lejana tierra por 125 años. Ellos ahora son súbditos del rey Artajerjes I (464-423 a.C.), el gobernante más dominante y dictatorial entre los reinos del Medio Oriente. Cincuenta años antes, a Esdras, el sacerdote y a 50.000 judíos se les dio permiso para regresar a Jerusalén para reconstruir la ciudad y el santo Templo y sus muros. Ellos tuvieron éxito en reconstruir el Templo, pero su intento de reconstruir los muros colapsó bajo los asaltos de enemigos vecinos.

Así que al comenzar la historia de Nehemías, los judíos en Jerusalén eran un remanente despreciado, viviendo en medio de las ruinas, temerosos de su seguridad, y languideciendo bajo el reproche de ser "un gusano" entre las naciones. Mientras que los judíos que no regresaron de Babilonia con ese primer grupo, gozaban de éxito inusual, especialmente en empresas comerciales.

El carácter del hombre. Nehemías es un hombre que está entre los mejores y más brillantes de la minoría judía en el exilio. Como copero para un rey déspota, él ha tomado la baja tarea de ser el mayordomo del rey y es elevado a la posición más alta de confianza. Algunos estudiantes de la historia antigua aun sugieren que él podría haber sido el confidente del rey con una influencia informal igualada a la de un primer ministro. A pesar de su éxito y de las tentaciones del palacio real, él no compromete su fe, ni olvida sus raíces como judío, ni abandona su vida de devoción, la oración y la adoración.

El fuego del crisol. Como copero del rey, Nehemías está en el calor de la llama blanca del crisol. Cada día él vive con el máximo riesgo de fracaso. Él tiene sólo una tarea, y es la de garantizar la seguridad del rey al tomar el primer sorbo de su vino. Cada movimiento del lenguaje físico es leído mientras él cumple su tarea. Una sonrisa falsa o un ceño fruncido no intencional, pone todo el sistema en alerta roja. Como Nerón en el Coliseo, solo una señal del pulgar del rey puede significar la muerte para el copero. La prueba del vino es el momento que define, pero preparar el vino es una labor de liderazgo.

Habilidades aprendidas en el crisol. ¿Qué habilidades aprende Nehemías en la olla a presión del crisol? Primero, y más que todo, *Nehemías aprende a servir bajo autoridad.* Es un axioma de liderazgo, que usted no puede liderar con autoridad hasta que aprenda a estar bajo autoridad. En el caso de Nehemías, él está bajo el talón de la bota autoritaria. Él puede escoger. ¿Será un debilucho, un rebelde o un líder? La manera en que un individuo trata con la autoridad es la clave para el desarrollo del liderazgo.

Recuerdo a dos subordinados en la institución en donde yo servía. El primero era un graduado de la Academia militar que había aprendido a recibir órdenes y obedecerlas. Aún cuando nuestros estilos de liderazgo difieren inmensamente, yo sabía que siempre podía confiar en él para que se hiciera cargo en mi ausencia sin que tratara de usurpar mi autoridad y sin romper la cadena de mando.

Otro miembro de uno de los equipos de mi liderazgo probó ser todo lo contrario. Él había sido abusado por la autoridad inconsistente de un padre alcohólico y su brillantez cargaba, por lo tanto, la sombra de la ambición rebelde. Una y otra vez tuve que tratar con sus intentos de menoscabar mi autoridad, alienar a sus compañeros y degradar a sus subordinados. Nuestra relación vacilaba entre la deferencia y el desafío hasta que se rompió la línea de confianza y tuvimos que separarnos. Bien sea para bien o para mal, el fuego del crisol determina cómo tratamos la autoridad.

Como copero del rey, *Nehemías también aprende a analizar una situación y a preparar un plan de trabajo.* Su responsabilidad como copero comienza mucho antes de que tome el sorbo de vino de la copa del rey. Él necesita un plan completo y un proceso seguro de potenciales errores que comience desde los viñedos en donde crecen las uvas y avance con pasos exactos hasta el momento de vida o muerte cuando la copa toca sus labios.

Una de las características que definen a un líder efectivo es el don de ser uno de los "primeros en darse cuenta" de la situación. Ven lo que otros no ven. Hace mucho tiempo leí la biografía de Bob Cousy, probablemente uno de los mejores jugadores de básquetbol de la historia, que jugaba de base. La misteriosa habilidad de Cousy para hacer pases ciegos se explicaba por el hecho de que él tenía una visión periférica inusual, por eso él podía ver toda la cancha a la vez. Bennis y Thomas encuentran este mismo don entre los líderes prominentes. Ellos tienen una visión más amplia del área para la acción de liderazgo y ven una extensión más grande de opciones para las oportunidades de liderazgo que los que no son líderes. En la sencilla frase: "Yo servía de copero al rey", podemos inferir que Nehemías era uno de los primeros en darse cuenta, viendo el panorama de su tarea, llevando a cabo su plan, y comprendiendo sus opciones.

Estando su propia vida en la línea, *Nehemías es rápido como aprendiz, sabe cómo presentar un plan, dar órdenes a la gente, y cuidar los detalles.* Cuando nuestra vida está en juego y la supervivencia es nuestra motivación, no hay campo para el debate, para los retrasos, o la indecisión. Nehemías tiene que actuar con precisión, ejercitar autoridad sobre la gente, y evitar los deslices que puedan ser fatales. A menudo se dice: "Dios está en los detalles". Para Nehemías, su vida está en los detalles. Parece haber poca duda de que él es un perfeccionista en tratar con cada paso del proceso al traer el vino a la mesa del rey. Uno puede imaginar su desarrollo de un proceso exigente con puntos de control personal en el camino.

Así como el rey confía y acepta el vino, desestimando posibles peligros al beberlo, Nehemías tiene que ser precavido con los viticultores de los viñedos del rey y los *sommeliers* de las bodegas de los vinos de la realeza. Él nunca disfruta el lujo de reunir grupos de consulta antes de tomar una decisión. Más a menudo de lo deseado, el resultado es "inclusión sin conclusión". En este caso, Nehemías tiene que trabajar a la par de los demás dando instrucciones minuciosas como parte de su estilo de vida.

Por tratarse de decisiones de vida o muerte en cada ingesta, *Nehemías aprende a anticipar la conspiración y a adaptarse a las crisis.* La posición de Artajerjes como el rey más poderoso del Medio Oriente, lo convierte en el blanco primordial de ataques externos y de conspiraciones internas. Como a él no lo pueden despedir de su cargo, tendría que ser derrocado del trono a través de una guerra, asesinado por una guerrilla o traicionado por su propia gente. Podemos imaginar la tremenda tensión que rodeaba la preparación de cada comida y cada tonel de vino. Con los rumores que circulan y las verdaderas amenazas que vendrían, Nehemías debe ser un administrador de crisis con un sentido agudo para detectar pistas que señalen alguna conspiración. Cuando a otros les entra el pánico, él tiene que permanecer seguro, firme y fiel.

Por último, en el crisol del copero, *Nehemías aprende a rendir cuentas por los resultados de su trabajo.* Por lo general, cuando hablamos acerca de rendir cuentas, nos referimos a resultados de cualidad, a largo plazo y a menudo intangibles. La labor de Nehemías no le permite este privilegio. Cada vez que él se lleva una copa de vino a sus labios, él vive o muere con los resultados de su trabajo. La retroalimentación es instantánea. La teoría educacional nos dice que los estudiantes que obtienen una rápida retroalimentación sobre la calidad de su trabajo aprenden más y mejor que aquellos cuya retroalimentación es tardía. Si es así, Nehemías tiene que ser un aprendiz de primera clase con refuerzo diario de las consecuencias.

LIDERAZGO PARA LA SUPERVIVENCIA

Cuando un líder se enfrenta a decisiones de vida o muerte a diario y la supervivencia es la motivación inminente, no es sorprendente enterarse de que el estilo de liderazgo de Nehemías es tanto autoritario como autoritativo. Él es autoritario, porque su tarea no le da margen para el error; él es autoritativo porque su carácter impecable gana la confianza de sus subordinados. Debido a que su liderazgo está tan estrechamente definido, limita la transferencia de su estilo y sistemas a otras situaciones.

Cuando la vida está en riesgo y cuando la supervivencia está en juego, necesitamos un líder que no sea de pacotilla y cuya palabra sea ley. También, cuando estamos tratando con un proceso estricto y bien definido y el producto final es un blanco tangible, vemos que las habilidades que Nehemías aprendió en el crisol del copero son esenciales para el éxito. Subyacentes a las habilidades, sin embargo, está el carácter del hombre. Integridad, autenticidad, y consistencia son cualidades que se transfieren con el liderazgo en cualquier situación.

HABILIDADES DESDE EL CRISOL

Un resumen de habilidades que Nehemías aprende en el crisol como copero del rey nos muestra cómo Dios lo prepara para el siguiente nivel de liderazgo. Nehemías aprende a:

1. Servir bajo autoridad

2. Analizar la situación

3. Activar a la gente

4. Atender los detalles

5. Anticipar la conspiración

6. Adaptarse a las crisis

7. Rendir cuenta de los resultados

Bajo la llama del crisol, Nehemías está en condiciones de asumir el reto del liderazgo, aprendiendo las habilidades para la supervivencia, manteniendo la integridad de carácter, y ganando la confianza total del rey.

DESARROLLANDO NUESTRO LIDERAZGO

Ejercicio 3

Póngase en la posición de "administrador de cambios" para cualquier organización en decadencia, bien sea religiosa, educacional o de negocios. Su tarea es dirigir un proyecto estrechamente definido con miras hacia un resultado tangible de tiempo limitado con la supervivencia individual o institucional en peligro. Planee ese proyecto pasando por la siguiente lista de habilidades aprendidas por Nehemías en su papel de copero del rey.

1. ¿Bajo qué *autoridad* usted lidera?

2. ¿Cómo *analiza* usted la situación bajo la que tiene que trabajar?

3. ¿Cuál es la necesidad que siente que *activará* a su gente?

4. ¿Cómo *explicará* su plan y mandará a su gente?

5. ¿Cómo *atenderá* los detalles trabajando a la par como líder?

6. ¿Qué oposición interna o externa *anticipa* usted?

7. ¿Existe una crisis potencial en el proceso al que usted se tenga que *adaptar*?

8. ¿Cuáles son los resultados oportunos, dirigidos y concretos de los que tendrá que rendir cuentas?

Como puede ver por estas preguntas, la experiencia de Nehemías como copero lo prepara para un estilo de liderazgo en el que trabaja a la par de otros en una situación de supervivencia con un cambio rápido de rendición de cuentas. ¿Son transferibles estas habilidades a una asignación de liderazgo que sea más grande en jurisdicción, de naturaleza más compleja, y en escala más alta en la motivación humana? El llamado de Nehemías a reconstruir los muros de Jerusalén es esa clase de reto.

También en la obra
de este muro restauré
mi parte...
(5:16).

–Nehemías rechaza las gratificaciones del liderazgo.

Diario del liderazgo de Nehemías

Capítulos 2:11-20; 4:1–7:2

La investigación de Nehemías (2:11-16)

Llegué, pues a Jerusalén, y después de estar allí tres días, me levanté de noche, yo y unos pocos varones conmigo, y no declaré a hombre alguno lo que Dios había puesto en mi corazón que hiciese en Jerusalén; ni había cabalgadura conmigo, excepto la única en que yo cabalgaba.

Y salí de noche por la puerta del Valle hacia la fuente del Dragón y a la puerta del Muladar; y observé los muros de Jerusalén que estaban derribados, y sus puertas que estaban consumidas por el fuego. Pasé luego a la puerta de la Fuente, y al estanque del Rey; pero no había lugar por donde pasase la cabalgadura en que iba. Y subí de noche por el torrente y observé el muro, y di la vuelta y entré por la puerta del Valle, y me volví. Y no sabían los oficiales a dónde yo había ido, ni qué había hecho; ni hasta entonces lo había declarado yo a los judíos y sacerdotes, ni a los nobles y oficiales, ni a los demás que hacían la obra.

LA ESTRATEGIA DE NEHEMÍAS (2:17-18)

Les dije, pues: Vosotros veis el mal en que estamos, que Jerusalén está desierta, y sus puertas consumidas por el fuego; venid, y edifiquemos el muro de Jerusalén, y no estemos más en oprobio. Entonces les declaré cómo la mano de mi Dios había sido buena sobre mí, y asimismo las palabras que el rey me había dicho.

Y dijeron: Levantémonos y edifiquemos. Así esforzaron sus manos para el bien.

ACUSACIÓN DE REBELIÓN (2:19-20)

Pero cuando lo oyeron Sanbalat horonita, Tobías el siervo amonita, y Gesem el árabe, hicieron escarnio de nosotros, y nos despreciaron, diciendo: ¿Qué es esto que hacéis vosotros? ¿Os rebeláis contra el rey?

Y en respuesta les dije: El Dios de los cielos, él nos prosperará, y nosotros sus siervos nos levantaremos y edificaremos, porque vosotros no tenéis parte ni derecho ni memoria en Jerusalén.

Nota: En el capítulo 3 de Nehemías hay una lista de honor de los edificadores de los muros y de las puertas.

LA RISA BURLONA (4:1-3)

Cuando oyó Sanbalat que nosotros edificábamos el muro, se enojó y se enfureció en gran manera, e hizo escarnio de los judíos. Y habló delante de sus hermanos y del ejército de Samaria, y dijo: ¿Qué hacen estos débiles judíos? ¿Se les permitirá volver a ofrecer sus sacrificios? ¿Acabarán en un día? ¿Resucitarán de los montones del polvo las piedras que fueron quemadas?

Y estaba junto a él Tobías amonita, el cual dijo: Lo que ellos edifican del muro de piedra, si subiere una zorra lo derribará.

LA RESPUESTA DE NEHEMÍAS (4:4-5)

Oye, oh Dios nuestro, que somos objeto de su menosprecio, y vuelve el baldón de ellos sobre su cabeza, y entrégalos por despojo en la tierra de su cautiverio.

No cubras su iniquidad, ni su pecado sea borrado delante de ti, porque se airaron contra los que edificaban.

EL REPORTE DE PROGRESO DE NEHEMÍAS (4:6)

Edificamos, pues, el muro, y toda la muralla fue terminada hasta la mitad de su altura, porque el pueblo tuvo ánimo para trabajar.

La amenaza de ataques externos (4:7-9)

Pero aconteció que oyendo Sanbalat y Tobías, y los árabes, los amonitas y los de Asdod, que los muros de Jerusalén eran reparados, porque ya los portillos comenzaban a ser cerrados, se encolerizaron mucho; y conspiraron todos a una para venir a atacar a Jerusalén y hacerle daño. Entonces oramos a nuestro Dios, y por causa de ellos pusimos guarda contra ellos de día y de noche.

Piedras y lanzas (4:21-23)

Nosotros, pues, trabajábamos en la obra; y la mitad de ellos tenían lanzas desde la subida del alba hasta que salían las estrellas. También dije entonces al pueblo: Cada uno con su criado permanezca dentro de Jerusalén, y de noche sirvan de centinela y de día en la obra. Y ni yo ni mis hermanos, ni mis jóvenes, ni la gente de guardia que me seguía, nos quitamos nuestro vestido; cada uno se desnudaba solamente para bañarse.

La amenaza de codicia interna (5:1-5)

Entonces hubo gran clamor del pueblo y de sus mujeres contra sus hermanos judíos. Había quien decía: Nosotros, nuestros hijos y nuestras hijas, somos muchos; por tanto, hemos pedido prestado grano para comer y vivir.

Y había quienes decían: Hemos empeñado nuestras tierras, nuestras viñas y nuestras casas, para comprar grano a causa del hambre.

Y había quienes decían: Hemos tomado prestado dinero para el tributo del rey, sobre nuestras tierras y viñas. Ahora bien, nuestra carne es como la carne de nuestros hermanos, nuestros hijos como sus hijos; y he aquí que nosotros dimos nuestros hijos y nuestras hijas a servidumbre y algunas de nuestras hijas lo están ya, y no tenemos posibilidad de rescatarlas, porque nuestras tierras y nuestras viñas son de otros.

EL GRAN ENOJO DE NEHEMÍAS (5:6-10, 12-13)

Y me enojé en gran manera cuando oí su clamor y estas palabras. Entonces lo medité, y reprendí a los nobles y a los oficiales, y les dije: ¿Exigís interés cada uno a vuestros hermanos?... Y callaron, pues no tuvieron qué responder.

Y dije: No es bueno lo que hacéis. ¿No andaréis en el temor de nuestro Dios, para no ser oprobio de las naciones enemigas nuestras? También yo y mis hermanos y mis criados les hemos prestado dinero y grano; quitémosles ahora este gravamen.

...Y dijeron: Lo devolveremos, y nada les demandaremos; haremos así como tú dices. Entonces convoqué a los sacerdotes, y les hice jurar que harían conforme a esto. Además sacudí mi vestido, y dije: Así sacuda Dios de su casa y de su trabajo a todo hombre que no cumpliere esto, y así sea sacudido y vacío.

Y respondió toda la congregación: ¡Amén! Y alabaron a Jehová. Y el pueblo hizo conforme a esto.

El ejemplo de Nehemías (5:14, 17-19)

También desde el día que me mandó el rey que fuese gobernador de ellos en la tierra de Judá, desde el año veinte del rey Artajerjes hasta el año treinta y dos, doce años, ni yo ni mis hermanos cominos el pan del gobernador...

Además, ciento cincuenta judíos y oficiales, y los que venían de las naciones que había alrededor de nosotros, estaban a mi mesa... y con todo esto nunca requerí el pan del gobernador, porque la servidumbre de este pueblo era grave.

Acuérdate de mí para bien, Dios mío, y de todo lo que hice por este pueblo.

La tentación del compromiso (6:1-4)

Cuando oyeron Sanbalat y Tobías y Gesem el árabe, y los demás de nuestros enemigos, que yo había edificado el muro, y que no quedaba en él portillo (aunque hasta aquel tiempo no había puesto las hojas en las puertas), Sanbalat y Gesem enviaron a decirme: Ven y reunámonos en alguna de las aldeas en el campo de Ono. Mas ellos habían pensado hacerme mal. Y les envié mensajeros, diciendo: Yo hago una gran obra, y no puedo ir; porque cesaría la obra, dejándola yo para ir a vosotros. Y enviaron a mí con el mismo asunto hasta cuatro veces, y yo les respondí de la misma manera.

La táctica de la traición (6:5-9)

Entonces Sanbalat envió a mí su criado para decir lo mismo por quinta vez, con una carta abierta en su mano, en la cual estaba escrito: Se ha oído entre las naciones, y Gasmu lo dice, que tú y los judíos pensáis rebelaros; y que por eso edificas tú el muro, con la mira, según estas palabras, de ser tú su rey; y que has puesto profetas que proclamen acerca de ti en Jerusalén, diciendo: ¡Hay rey en Judá! Y ahora serán oídas del rey las tales palabras; ven, por tanto, y consultemos juntos. Entonces envié yo a decirle: No hay tal cosa como dices, sino que de tu corazón tú lo inventas. Porque todos ellos nos amedrentaban, diciendo: Se debilitarán las manos de ellos en la obra, y no será terminada. Ahora pues, oh Dios, fortalece tú mis manos.

La amenaza de muerte (6:10-14)

Vine luego a casa de Semaías hijo de Delaía, hijo de Mehetabel, porque él estaba encerrado; el cual me dijo: Reunámonos en la casa de Dios, dentro del templo, y cerremos las puertas del templo, porque vienen para matarte; sí, esta noche vendrán a matarte.

Entonces dije: ¿Un hombre como yo ha de huir? ¿Y quién, que fuera como yo, entraría al templo para salvarse la vida? No entraré. Y entendí que Dios no lo había enviado, sino que hablaba aquella profecía contra mí porque Tobías y Sanbalat lo habían sobornado. Porque fue sobornado para hacerme temer así, y que pecase, y les sirviera de mal nombre con que fuera yo infamado.

Acuérdate, Dios mío, de Tobías y de Sanbalat, conforme a estas cosas que hicieron; también acuérdate de Noadías profetisa, y de los otros profetas que procuraban infundirme miedo.

El milagro, los muros levantados (6:15-16)

Fue terminado, pues, el muro, el veinticinco del mes de Elul, en cincuenta y dos días. Y cuando lo oyeron todos nuestros enemigos, temieron todas las naciones que estaban alrededor de nosotros, y se sintieron humillados, y conocieron que por nuestro Dios había sido hecha esta obra.

El nombramiento de los guardianes de las puertas (7:1-2)

Luego que el muro fue edificado, y colocadas las puertas, y fueron señalados porteros y cantores y levitas, mandé a mi hermano Hanani, y a Hananías, jefe de la fortaleza de Jerusalén (porque éste era varón de verdad y temeroso de Dios, más que muchos).

Nota: En el capítulo 7 tenemos el récord de las familias de Judá que fueron censadas para establecerse en sus hogares.

4 - El ingeniero

Liderazgo para la seguridad

Lo invito a la segunda etapa del viaje de liderazgo de Nehemías. Nos movemos de la especulación acerca de su papel de liderazgo como el hombre del rey en Susa hacia una historia autobiográfica intensa de su papel como hombre de Dios en Jerusalén e Israel. Desde la posición de copero del rey asegurando buen vino y comidas reales, él es llamado a convertirse en ingeniero de Dios para reconstruir los muros de Jerusalén.

El llamado a dirigir

El libro abre recordando el suceso de Nehemías cuando cambia su vida y define el momento de su liderazgo. Una delegación de judíos dirigida por Hanani, hermano de Nehemías, viene de visita de Jerusalén a Babilonia. Naturalmente, averigua el estado de la Ciudad Santa y su gente. Le cuentan que los judíos que sobrevivieron el exilio están desmoralizados y en desgracia después un ataque hostil hacia los trabajadores que estaban tratando de reconstruir los muros y las puertas de la ciudad. El santo Templo todavía está intacto, pero la Ciudad Santa está bajo amenaza inminente de destrucción.

La oración de la preparación

La respuesta de Nehemías nos permite mirar profundamente su carácter. Cuando especulamos acerca de su papel como copero del rey asumimos que él es una persona de integridad impecable, lealtad incuestionable y espiritualidad madura. Ahora tenemos los hechos para respaldar nuestra suposición. Nehemías está personalmente devastado por el reporte de Hanani. Con una compasión profunda por su gente, él llora, gime, ayuna y ora a Dios:

… Te ruego, oh Jehová, Dios de los cielos, fuerte, grande y temible que guarda el pacto y la misericordia a los le aman y guardan sus mandamientos; esté ahora atento tu oído y abiertos tus ojos para oír la oración de tu siervo, que hago ahora delante de ti día y noche, por los hijos de Israel tus siervos; y confieso los pecados de los hijos de Israel que hemos cometido contra ti; sí, yo y la casa de mi padre hemos pecado. En extremo nos hemos corrompido contra ti, y no hemos guardado los mandamientos, estatutos y preceptos que diste a Moisés tu siervo (1:5-7).

Este es nuestro modelo para la "Oración de preparación del líder". Nehemías es un hombre que sabe lo que significa estar continuamente en la presencia del Dios santo. Él entiende la historia de Israel, el pacto de amor de Dios con su pueblo escogido, y los pecados que los condujeron hacia el exilio de Babilonia. Aunque él está en una posición poderosa en una tierra pagana, su primer amor es el pueblo de Dios. Pero lo más importante, es que aunque él ha llevado una vida de la más alta integridad en el crisol del copero, él se identifica con los pecados de su gente en la oración de confesión.

Los grandes líderes demuestran invariablemente el don de conocer las necesidades de su gente y se identifican personalmente con esas necesidades. Mohandas Gandhi, Winston Churchill, Martin Luther King Jr., John Fitzgerald Kennedy, la Madre Teresa, Billy Graham —todos han puesto su marca al convertirse en uno con la gente que ellos han servido. Cuando estas personas hablan, los escuchamos decir: "Nosotros". Cuando ellos actúan, los vemos actuar por *nosotros*.

¿Es la oración de Nehemías un indicador clave para identificar a futuros líderes de la Iglesia? Si el liderazgo comienza con compasión por la gente necesitada e identificación con su necesidad, puede que estemos mirando el desarrollo del liderazgo desde el punto equivocado. Pasión, visión, creatividad, iniciativa y carisma son dones individuales que atribuimos a los líderes.

La mayoría de los estudios de liderazgo comienzan con el individuo y con estos rasgos de liderazgo. Pero, a menos que estos dones estén a la par de las necesidades urgentes de las personas angustiadas, éstos se convierten en discapacidades de autoservicio para la ambición personal. Así que, en vez de comenzar con los rasgos individuales en el desarrollo de liderazgo, deberíamos comenzar con las necesidades humanas. Frederick Buechner indaga las profundidades del corazón de Dios cuando él define nuestro llamado cristiano como "el lugar en donde nuestra profunda alegría encuentra la necesidad profunda del mundo" (*Wishful Thinking: A Seeker's ABC* [San Francisco: Harper San Francisco, 1993], p. 119).

En un nivel más fundamental, estamos hablando acerca de tres necesidades humanas mencionadas en una constitución de un país, como ser, "vida, libertad, y la búsqueda de la felicidad" o las cuatro libertades que Franklin Delano Roosevelt identificó para la sociedad democrática: "Libertad de expresión y religión, de miseria y de temor". Es posible que hayamos descubierto una respuesta a la pregunta frecuentemente hecha: "¿A dónde se han ido todos los líderes?"

Para la mayoría de las personas en nuestra sociedad afluente y democrática, "vida y libertad" no son más una necesidad básica, debido a que tenemos nuestra vida y nuestra libertad. De la misma manera, disfrutamos la libertad de expresión y religión tanto como la libertad de miseria y de temor.

La evidencia de nuestra libertad de estas necesidades resalta en la comparación entre los motivos que guían a los *anticuados* y a los *tecnócratas*. Los *anticuados* que crecieron durante la Gran Depresión nunca se han olvidado de la obsesionante "necesidad de sobrevivir" en su experiencia de vida. Los *tecnócratas,* por el contrario, nunca han conocido el intenso significado de supervivencia. Sus necesidades de identidad y significado son menos fundamentales y menos desesperantes que las necesidades de los *anticuados* de supervivencia y seguridad. Por esta sencilla razón, es más difícil dirigir a los *tecnócratas* que a los *anticuados*. Al menos, el estilo de liderazgo tiene que ser totalmente diferente.

Avancemos de la escala de las necesidades de supervivencia a las necesidades espirituales, alineándonos con Dios. Cuando pensemos en la culpa del pecado y la realidad de estar perdido sin fe en Cristo, comenzamos a entender por qué el desarrollo de líderes cristianos es el trabajo más difícil. Las personas que tienen garantizada la vida y la libertad y que se pueden concentrar en la búsqueda de la felicidad son las que se preguntan: "¿Dios? ¿Por qué lo necesito a Él?" Sin un sentido de pecado ni la necesidad de redención ellos son difíciles de alcanzar y más difíciles de dirigir.

¿QUÉ NOS HACE LLORAR?

¿Nos da la oración de Nehemías una clave de identidad para futuros líderes de la Iglesia? Leemos acerca de líderes cristianos de antaño que lloraban, se afligían, ayunaban y oraban por sí mismos y por su pueblo. ¿Se ha perdido hoy esa profundidad de compasión entre nosotros? ¿Se ha sacrificado la oración de confesión por temor de ser malentendidos si nos incluimos a nosotros mismos o de incomodar a nuestros oyentes? Se le ha dado mucha atención a la disciplina espiritual como esencial para el desarrollo de líderes cristianos, sin embargo, la oración de Nehemías va más allá de la disciplina de un corazón quebrantado.

A comienzos de mi ministerio como líder cristiano, fui profundamente influenciado por el libro de Bob Pierce, *Let My Heart Be Broken [Que mi corazón se quebrante]*. Como fundador de Visión Mundial, Bob cuenta acerca de la profundidad de la compasión por las necesidades físicas, sociales y espirituales de niños que quedaron huérfanos por la Guerra de Corea. Años más tarde, conocí a Bob en la plaza de mercado en Lausana, Suiza, durante la Conferencia de Evangelismo Mundial que se desarrolló en ese lugar. Después de haber hablado por un rato, Bob puso su brazo sobre mí y comenzó a orar. Él lloró mientras confesaba nuestro fracaso de poder sostener el mundo en nuestras manos y de darnos a nosotros mismos incondicionalmente a sus necesidades. En ese momento inolvidable, sentí como si tuviera mi dedo en el pulso de Cristo.

Una de las preguntas que nos hacemos cuando queremos entender el carácter de una cultura organizacional es: "¿Qué es lo que la hace llorar?" Nehemías nos da ya una respuesta. Él llora por la situación de su gente debido a su desobediencia a Dios. También tenemos el registro en las Escrituras de que Jesús lloró dos veces. Él lloró por la muerte de su amigo Lázaro, y lloró por el rechazo de su pueblo en la Ciudad Santa de Jerusalén.

Todos sabemos lo que es llorar por la pérdida de un ser querido pero, ¿cuántos de nosotros hemos llorado alguna vez por nuestro vecindario, por una sociedad, o una nación que ha rechazado a Cristo? ¿Qué es lo que nos hace llorar? Si el liderazgo cristiano comienza con un corazón quebrantado, ¿cuántos de nosotros calificamos verdaderamente?

EL RETO DEL LIDERAZGO DE NEHEMÍAS

Para Nehemías, la situación desesperada de su propia gente, se convierte en el llamado de Dios a una tarea muy específica de reconstruir los muros de Jerusalén. ¿Será que puede él transferir sus habilidades aprendidas como copero del rey a un proyecto de construcción masivo en una tierra distante, con recursos limitados y con trabajadores desanimados?

Nehemías, como líder, pone de inmediato en acción su aprendizaje del crisol. Esta crisis en Jerusalén está a la par de sus habilidades claves como copero. No todas las habilidades de liderazgo son transferibles de una situación a otra. Sólo las habilidades de carácter se aplican a cada

71

situación. Cualquiera que sea el papel de liderazgo, podemos contar con Nehemías como un hombre de integridad, lealtad, oración y sacrificio propio.

En el desarrollo de liderazgo decimos a menudo: "El desempeño pasado es el mejor predictor de la actuación futura". Por lo general es cierto, pero necesitamos advertir que depende de la similitud de la situación. Un pastor puede transferir sus habilidades para pastorear de una iglesia a otra, pero tal vez no se transfieran al campo misionero, o a una institución educacional, o a una oficina denominacional. En el caso de Nehemías, las habilidades establecidas del copero se transfieren a la reconstrucción de los muros de Jerusalén. Para esta tarea limitada, centrada y oportuna, Dios necesita un ingeniero.

HABILIDADES TRANSFERIBLES

Nehemías comienza buscando autoridad para su tarea. Como hombre que entiende el poder de la autoridad, él se da cuenta de que no puede apoyarse sólo sobre la autoridad inferida de su carácter o de la autoridad obtenida de éxitos anteriores. Para la urgencia de reconstruir los muros, él necesita una autoridad poderosa que todos conozcan y obedezcan. Como Jerusalén es la provincia de Artajerjes, Nehemías recurre a la autoridad asignada y conferida por el rey. El rostro de Nehemías muestra tanto la profundidad de su tristeza como la inmensa ansiedad en su siguiente reunión con el rey.

El palacio es un lugar inseguro. Mostrar una mirada deprimente en presencia del rey es levantar sospechas de conspiración y poner en peligro la vida. Sin embargo, como Nehemías había ganado la confianza del rey, Artajerjes preguntó: ¿Qué te sucede? Nehemías responde contando su historia y pide permiso para ausentarse e ir a su hogar y reconstruir los muros.

Dios había ido delante de su siervo obediente. En respuesta a sus oraciones, el rey le concede a Nehemías dejar su rol de copero, y además le otorga la seguridad de protección a través de 1.120 kilómetros de territorio enemigo en el regreso a su casa. Sólo por si acaso, la guardia real será su escolta. Nadie se atreve a desobedecer o tocar a Nehemías sin invocar la ira del mismo rey. Aun cuando los críticos en Jerusalén lo pudieran ver como a un aventurero, Nehemías llevará la influencia de E. F. Hutton —cuando él habla, todos escuchan.

Luego, Nehemías solicita la autoridad de los recursos para reconstruir los portones de Jerusalén. El valor sigue al valor en el desarrollo del liderazgo. En el lenguaje contemporáneo, Nehemías sabe que un proyecto que comienza o que da un giro requiere "el amor del padre" y "la leche de la madre". "El amor del padre" es el compromiso apasionado del liderazgo hacia la tarea, y "la leche materna" representa los recursos necesarios para llevarla a cabo.

Nehemías posee la pasión del amor de un padre para

73

el proyecto, pero carece de recursos. Las piedras que forman parte de los escombros son suficientes para reconstruir los muros, pero carece de la madera para reconstruir los portones quemados y para edificar una casa para sí mismo. Sabiendo que no puede hacer ladrillos sin paja o portones sin madera, él le solicita al rey que le provea del bosque real toda la madera que necesita. En respuesta a esta petición el rey le da una licencia para asegurar el acopio de la madera necesaria para reconstruir los portones de la ciudad.

Después de viajar 1.120 kilómetros por el desierto desde Babilonia hasta Jerusalén, Nehemías llega a salvo a Jerusalén, listo para trabajar. Ya se había levantado la oposición por parte de Sanbalat y Tobías, empeñados en mantener a los judíos vulnerables a su ataque y bajo control. Así que después de descansar sólo por tres días, *Nehemías puso a trabajar sus habilidades analíticas, investigando el escenario y preparando su plan.* Bajo la cobertura de la noche, él subió por encima de los escombros de las ruinas y vio los restos de las puertas quemadas. Él sabe que tiene que actuar con rapidez. Dividiendo el proyecto monstruoso en tareas manejables con resultados medidos a lo largo del camino, ahora posee un plan que incluye su autoridad y recursos.

El siguiente paso es explicar el plan para que las personas vean que éste tiene sentido. De sus días de copero del rey, Nehemías sabe que la supervivencia es el motivo más profundo del ser humano. Sin los muros y los portones, ni Jerusalén ni los judíos podrían sobrevivir.

John Hershey, autor de *Hiroshima*, escribió un libro titulado *Aquí para quedarse,* en el que cuenta historias increíbles de supervivencia humana, incluyendo la de John F. Kennedy nadando a lo largo de la noche alrededor de una pequeña isla del Pacífico después de que le dispararan por debajo a su lancha, y la historia de una señora de más de 80 años que se encuentra en el aire a varios pisos de altura recorriendo brazada a brazada a través de una soga para escapar de la famosa inundación de Johnston, Pennsylvania.

Nehemías apela a este mismo instinto de supervivencia. Aunque él tiene autoridad dictatorial, recursos adecuados, y un plan realista para construir los muros; él no puede tener éxito como líder sin el completo compromiso de la gente. ¿Le suena familiar esta situación? Los terroristas del 11 de septiembre de 2001, volvieron a traer a los estadounidenses el tema de la supervivencia. George W. Bush se convirtió en su líder, además de presidente, cuando él se identificó con su dolor, confrontó al enemigo y lanzó un contraataque. Ellos se aunaron a su llamado e incluso permitieron restricciones a su libertad para asegurar la supervivencia.

Nehemías obtuvo la misma clase de apoyo. Todos los habitantes de la ciudad se convirtieron durante esos días en carretilleros, cortadores de piedra o albañiles. Las peleas familiares cesaron, los sacerdotes y las personas comunes trabajaron juntos; los pobres y los ricos olvidaron sus

75

diferencias, cerrajeros y fabricantes de perfumes ensuciaron sus manos y los gobernantes se unieron con masa en mano para reconstruir los muros. Sólo unos nobles malcriados se rehusaron a trabajar.

En el lenguaje actual de formación de equipo, Nehemías sube a las personas correctas a su bus, las personas equivocadas se bajaron del bus, y las personas correctas estaban en los asientos correctos (James Collins, *De bueno a grandioso* [New York: Harper Collins, 2001], p. 184). Con este golpe del genio organizacional, Nehemías convierte a un ejército de harapos en un equipo unido y potente de construcción.

A mitad del proyecto, cuando la fatiga está cobrando las fuerzas de los constructores, las habilidades de liderazgo de Nehemías atravesaban otra prueba. Sanbalat y Tobías aprovecharon el momento para atacar la moral de la gente ridiculizando su trabajo y tramando un ataque en contra de los constructores. Desde la oración desesperada, Nehemías muestra su ingenio. Organiza a los constructores por familias y divide las filas de hombres entre aquellos que sostienen las lanzas y aquellos que trabajan con palas, previene la amenaza y frustra aún más a Sanbalat y a Tobías.

Al fallar Sanbalat y Tobías rugiendo como leones, intentan el arrullo de la paloma. Cuando lo hacen, ellos se enfrentan justo con el punto fuerte de Nehemías. *Como copero del rey, él sabe cómo anticipar la conspiración.* Cuatro veces tratan de que Nehemías deje de trabajar para reunirse en alguna de las aldeas en el campo. Conociendo sus tretas, los rechaza en cada intento. En el quinto intento ellos revelan su carta en la manga cuando esparcen el rumor de que los judíos están reconstruyendo los muros para rebelarse en contra de Artajerjes y hacer de Nehemías su rey. Vuelven a fracasar cuando Nehemías responde al engaño de ellos.

Como último recurso, ellos tratan de acobardar a Nehemías con la amenaza de asesinarlo. Sobornaron a un amigo de Nehemías para que le propusiera que él salvara su vida y su liderazgo escondiéndose en el Templo a donde los asesinos no podrían ir. Una vez más, le pide a Dios que renueve sus fuerzas y Nehemías regresa a trabajar arriesgando su vida.

Uno piensa en Winston Churchill caminando sobre los escombros de Londres y gruñendo: "¡Sólo hemos comenzado a pelear!" Nehemías sabe que su presencia en persona, sus manos en la obra y su ardua tarea eran necesarias para terminar el trabajo. Y así, sólo en 52 días los muros están levantados y las puertas colgadas en su lugar. Jerusalén está segura, y su gente a salvo.

¡Qué hazaña de ingeniería! Es como la Torre Eiffel en París. Ésta comenzó como una visión en la mente del constructor y sujeto a la ridiculización de los que decían que no se podía llevar a cabo. Ellos predecían que la torre se voltearía con los vientos o que se desplomaría bajo la sacudida de un temblor. El constructor, sin embargo, tomó el reto y diseñó la estructura con aberturas en las vigas para resistir el viento y tensiones complementarias para sobrevivir a los temblores. En un desaire escultural a sus críticos, la Torre Eiffel todavía está de pie. De la misma manera, los muros de Nehemías resistieron todos los desaires de los elementos. Sólo el ataque de los enemigos puede tumbar esos muros.

ORACIONES DE COMPROMISO

Regresemos por un momento a las oraciones de Nehemías durante la etapa de ingeniería. No existen registros de oraciones durante las primeras etapas de la construcción. A veces estamos muy ocupados para orar. En esos momentos, es el capital de oración que hemos invertido por un período de tiempo largo del cual podemos cobrar.

El hermano Andrew en su libro clásico *La práctica de la presencia de Dios,* nos recuerda que podemos estar en el espíritu de oración y en la presencia de Dios mientras lavamos los platos en la cocina. Pero cuando las fuerzas comienzan a fallar y las conspiraciones a amenazar, Nehemías sabe que Dios le dará fortaleza y que lo mantendrá a salvo.

Como viejos amigos que se encuentran después de una larga ausencia, Nehemías y Dios pueden comenzar la conversación justo allí en donde la dejaron. *Estas son las oraciones de compromiso —cortas, intensas y urgentes.* "Ahora, fortalece mis manos" es la oración de un líder en pleno trabajo.

LECCIONES DE UN INGENIERO

¿Qué lecciones de liderazgo aprendemos del papel de Nehemías como ingeniero? Por un lado, *aprendemos que Dios usa el crisol de la experiencia como tiempo de preparación para una tarea seleccionada.* Ambos, el carácter y las habilidades se forman en ese momento de definición. Mientras que las cualidades del carácter transfieren a cualquier papel de liderazgo, se pulen las habilidades de competencia para una tarea especial.

Por otro lado, *aprendemos que el liderazgo viene en muchos grupos de habilidades que se aplican a situaciones específicas.* Nehemías nos muestra cómo funciona una mente de ingeniero. Respaldado por la autoridad del rey, él analiza la situación, explica el plan, atiende cada detalle, y acepta la rendición de cuentas del proyecto. En lenguaje común, a Nehemías lo describirían probablemente como un micro-administrador autoritario aprovechando el motivo de supervivencia, pero esa es la clase de liderazgo requerida para reconstruir los muros en 52 días.

Él obtiene el éxito, no sólo debido a su profundidad espiritual e integridad personal, sino también porque adapta sus habilidades encajándolas a las necesidades del proyecto. Para aquellos que insisten que el emprendedor es sinónimo de líder, Nehemías será una desilusión. Él no es un emprendedor con una visión grandiosa tomando un riesgo gigantesco; más bien, él es un ingeniero con una tarea práctica trabajando un plan predeterminado. Dios no tiene favoritos.

Déle a Nehemías otro crédito en el desarrollo de liderazgo. *Él entiende el nivel avanzado de motivación que se necesitaba para reconstruir los muros.* Como copero del rey, él trata con las necesidades más básicas del hombre, la necesidad de permanecer vivo. Aunque los habitantes de Jerusalén han enfrentado amenaza tras amenaza hacia su supervivencia, ellos han tenido éxito en reconstruir el Templo y en establecer sus hogares. Su necesidad ahora es seguridad y liberarse de posibles temores. Nehemías sabe que la reconstrucción de los muros lo liberará de ese temor. Si él puede completar la tarea urgente en el momento oportuno, se construirán más que muros —su gente volverá a obtener autoestima como pueblo escogido de Dios.

Nehemías también nos muestra la adaptabilidad requerida para enfrentar un nuevo reto. Bajo el puño de hierro del rey Artajerjes, todo súbdito del reino es obediente al mandato del rey. No hay opciones; se obedece, si no se muere. Nehemías tiene éxito bajo la autoridad de ese régimen, pero no está aferrado al mismo. Cuando él va a Jerusalén por el llamado de Dios para reconstruir los muros, tiene que tratar con personas que tienen opciones. Tal vez por primera vez, Nehemías aprende lo que significa trabajar con voluntarios.

¿Cómo va a motivar a las personas de Jerusalén a trabajar día y noche para reconstruir los muros? Su respuesta es un golpe de genialidad. Conociendo los lazos fuertes que unen a las tribus, familias y ocupaciones, él apela a cada una de estas relaciones con el incentivo del trabajo desinteresado. Él agrupa el trabajo en partes manejables, mantiene el trabajo cerca de la casa, y gana el día. Aunque el paso es corto, Nehemías muestra ser un genio para la adaptación.

La iglesia también es un ejército de voluntarios. Guiarlos es como pastorear una camada de gatitos. Cada uno va por su camino. Nehemías, sin embargo, nos da algo de esperanza. Para guiar a los voluntarios necesitamos *motivarlos* de acuerdo a las necesidades que ellos sienten, *movilizarlos* a través de sus relaciones interpersonales, *organizarlos* con tareas manejables, *recompensarlos* por los resultados tangibles, *animarlos* trabajando más que todos ellos. Gracias, Nehemías.

Desarrollando nuestro liderazgo

Ejercicio 4

Colóquese en la situación de liderazgo en la que el éxito depende de la efectividad de los voluntarios, tal como organizar ministerios en grupos pequeños. Siguiendo el ejemplo de Nehemías, hágase las siguientes preguntas:

- ¿Cuál es la necesidad que ellos tienen que los *motiva?*

- ¿Cuál es la conexión de relación que los *moviliza?*

- ¿Quiénes son los líderes naturales que los *supervisan?*

- ¿Cuál es la tarea manejable que los *energiza?*

- ¿Cuáles son los resultados tangibles que los *recompensa?*

- ¿Cuál es la prueba personal de su *compromiso* para con ellos?

Ministerios de voluntarios, tal como grupos pequeños, a menudo fallan. Desde su experiencia, ¿cuál punto de las preguntas anteriores es el más crítico para el éxito de éstos, y en dónde fallamos?

Me mandó el rey
que fuese
gobernador de ellos
en la tierra de Judá
(5:14).

–La promoción de Nehemías
a una posición ejecutiva.

Diario del liderazgo de Nehemías

Capítulos 7:73b–10:39; 12:27-43

Reconstruyendo la Nación (7:73b, 8:1, 2, 5-6)

Venido el mes séptimo, los hijos de Israel estaban en sus ciudades; y se juntó todo el pueblo como un solo hombre en la plaza que está delante de la puerta de las Aguas, y dijeron a Esdras el escriba que trajese el libro de la ley de Moisés, la cual Jehová había dado a Israel.

Y el sacerdote Esdras trajo la ley delante de la congregación, así de hombres como de mujeres y de todos los que podían entender, el primer día del mes séptimo... Abrió, pues, Esdras el libro a ojos de todo el pueblo, porque estaba más alto que todo el pueblo; y cuando lo abrió, todo el pueblo estuvo atento. Bendijo entonces Esdras a Jehová, Dios grande. Y todo el pueblo respondió: ¡Amén! ¡Amén! Alzando sus manos; y se humillaron y adoraron a Jehová inclinados a tierra.

LA PROCLAMACIÓN DE NEHEMÍAS (8:9-10)

Y Nehemías el gobernador, y el sacerdote Esdras, escriba, y los levitas que hacían entender al pueblo, dijeron a todo el pueblo: Día santo es a Jehová nuestro Dios; no os entristezcáis, ni lloréis. Porque todo el pueblo lloraba oyendo las palabras de la ley.

Luego les dijo: Id, comed grosuras, y bebed vino dulce, y enviad porciones a los que no tienen nada preparado; porque día santo es a nuestro Señor; no os entristezcáis, porque el gozo de Jehová es vuestra fuerza.

UNA FIESTA RESTAURADA (8:13-18)

Al día siguiente se reunieron los cabezas de las familias de todo el pueblo, sacerdotes y levitas, a Esdras el escriba, para entender las palabras de la ley.

Y hallaron escrito en la ley que Jehová había mandado por mano de Moisés, que habitasen los hijos de Israel en tabernáculos en la fiesta solemne del mes séptimo; y que hiciesen saber, y pasar pregón por todas sus ciudades y por Jerusalén, diciendo: Salid al monte, y traed ramas de olivo, de olivo silvestre, de arrayán, de palmeras y de todo árbol frondoso, para hacer tabernáculos, como está escrito.

Salió, pues, el pueblo, y trajeron ramas e hicieron tabernáculos, cada uno sobre su terrado, en sus patios, en los patios de la casa de Dios, en la plaza de la puerta de las Aguas, y en la plaza de la puerta de Efraín. Y toda la congregación que volvió de la cautividad hizo tabernáculos, y en tabernáculos habitó; porque desde los días de Josué hijo de Nun hasta aquel día, no habían hecho así los hijos de Israel. Y hubo alegría muy grande.

Y leyó Esdras en el libro de la ley de Dios cada día, desde el primer día hasta el último; e hicieron la fiesta solemne por siete días, y el octavo día fue de solemne asamblea, según el rito.

ISRAEL CONFIESA SU PECADO (9:1-13, 36-37)

El día veinticuatro del mismo mes se reunieron los hijos de Israel en ayuno, y con cilicio y tierra sobre sí. Y ya se había apartado la descendencia de Israel de todos los extranjeros; y estando en pie, confesaron sus pecados, y las iniquidades de sus padres. Y puestos de pie en su lugar, leyeron el libro de la ley de Jehová su Dios la cuarta parte del día, y la cuarta parte confesaron sus pecados y adoraron a Jehová su Dios.

Nota: La oración de confesión de los israelitas sigue en 9:5-37 con esta conclusión:

He aquí que hoy somos siervos; henos aquí, siervos en la tierra que diste a nuestros padres para que comiesen su fruto y su bien. Y se multiplica su fruto para los reyes que has puesto sobre nosotros por nuestros pecados, quienes se enseñorean sobre nuestros cuerpos, y sobre nuestros ganados, conforme a su voluntad, y estamos en grande angustia.

Un nuevo compromiso (9:38; 10:30-32, 35, 37, 39)

A causa, pues, de todo esto, nosotros hacemos fiel promesa, y la escribimos, firmada por nuestros príncipes, por nuestros levitas y por nuestros sacerdotes... que no daríamos nuestras hijas a los pueblos de la tierra, ni tomaríamos sus hijas para nuestros hijos.

Asimismo, que si los pueblos de la tierra trajesen a vender mercaderías y comestibles en día de reposo, nada tomaríamos de ellos en ese día ni en otro día santificado; y que el año séptimo dejaríamos descansar la tierra, y remitiríamos toda deuda.

Nos impusimos además por ley, el cargo de contribuir cada año con la tercera parte de un siclo para la obra de la casa de nuestro Dios...

Y que cada año traeríamos a la casa de Jehová las primicias de nuestra tierra, y las primicias del fruto de todo árbol... que traeríamos también las primicias de nuestras masas, y nuestras ofrendas, y del fruto de todo árbol, y del vino y del aceite, para los sacerdotes, a las cámaras de la casa de nuestro Dios, y el diezmo de nuestra tierra para los levitas; y que los levitas recibirían las décimas de nuestras labores en todas las ciudades... y no abandonaremos la casa de nuestro Dios.

Nota: el restablecimiento de las personas en Jerusalén y las aldeas a lo largo de Judea están registrados en 11:1–12:26.

Dedicación del muro (12:27-28; 30-31; 38, 40-43)

Para la dedicación del muro de Jerusalén, buscaron a los levitas de todos sus lugares para traerlos a Jerusalén, para hacer la dedicación y la fiesta con alabanzas y con cánticos, con címbalos, salterios y cítaras. Y fueron reunidos los hijos de los cantores, así de la región alrededor de Jerusalén... Y se purificaron los sacerdotes y los levitas; y purificaron al pueblo, y las puertas, y el muro.

Hice luego subir a los príncipes de Judá sobre el muro, y puse dos coros grandes que fueron en procesión; el uno a la derecha, sobre el muro, hacia la puerta del Muladar... El segundo coro iba del lado opuesto, y yo en pos de él, con la mitad del pueblo sobre el muro... Llegaron luego los dos coros a la casa de Dios; y yo, y la mitad de los oficiales conmigo, y los sacerdotes... Y los cantores cantaban en alta voz, e Izrahías era el director.

Y sacrificaron aquel día numerosas víctimas, y se regocijaron, porque Dios los había recreado con grande contentamiento; se alegraron también las mujeres y los niños; y el alborozo de Jerusalén fue oído desde lejos.

5 - El gobernador

Liderazgo que hace la diferencia en el futuro

Con la seguridad de tener las paredes terminadas, a Nehemías lo nombran gobernador de la provincia de Jerusalén en el año 20 del rey Artajerjes. Todas las dimensiones del liderazgo de Nehemías cambian. La escala de su responsabilidad crece de reconstruir los muros de Jerusalén a reconstruir la nación. El panorama de sus deberes se expande de tratar la necesidad urgente para la seguridad, a la necesidad de largo alcance de hacer la diferencia en el futuro. La complejidad de su papel se mueve de la tarea física de reconstruir muros a un campo más ambiguo de política pública, política local, y relaciones internacionales. Sin lugar a dudas, su integridad personal y su profundidad espiritual serán transferidas a su nueva responsabilidad, pero ¿qué acerca de sus habilidades de copero y de ingeniero?

Reconstruyendo la Nación

¿Está Nehemías a la altura de este trabajo? ¿O estamos viendo el Principio de Pedro? ¿Ha sido promocionado a su nivel de incompetencia? Otro crisol le espera mientras toma los cargos de reconstruir la nación después de su éxito de reconstruir los muros.

La muralla otorga a los judíos una medida de seguridad, pero carecen de unidad como pueblo y respeto como nación. Reconstruir la estructura de la nación se convierte en una labor grande, de largo plazo y mucho más difícil para Nehemías, el gobernador. Los escombros espirituales, sociales y políticos yacían a sus pies.

Nehemías responde *restableciendo la moral y la base legal sobre la que la nación será construida*. Reúne a todas las personas en la Puerta del Agua, llama a Esdras, el sacerdote, para la lectura de la Ley. Al ver ellos a estos dos juntos en una plataforma pública, la multitud testifica el símbolo espiritual y el liderazgo secular uniéndose alrededor de las leyes y el pacto de Dios. Una comparación pudiera ser nuestros líderes reuniendo a la nación para la lectura de la Constitución y de los Diez Mandamientos.

Cuando el pueblo escucha la lectura de la Ley y se dan cuenta de cuánto se habían alejado, ellos lloran y se lamentan. Nehemías, sin embargo, les dice que no es momento de llorar, sino *tiempo de celebrar su nueva libertad encontrada con cantos y celebración*. Cada nación necesita su día de celebración. De la celebración de los judíos vino la Fiesta de los Tabernáculos o Tiendas, como un recordatorio duradero de su liberación de la esclavitud, tanto de Egipto como de Babilonia.

Nehemías entonces presenta un acuerdo vinculante *firmado y sellado por todas las personas, comenzando con él mismo, como un compromiso nacional para obedecer todos los mandatos, reglas y decretos de Dios.* Reiteramos que cada nación necesita un código de conducta, no a diferencia de nuestra Carta de Derechos, con la que todos están de acuerdo y obedecen. En este caso, los judíos se ponen de acuerdo en no comprometer su fe, ni dar a sus hijas o hijos en matrimonio entre los pueblos que los rodean, ni comprar ni vender en día de reposo, ni abandonar la casa del Señor fallando en contribuir con aportes anuales, ni olvidar su responsabilidad de sostener al sacerdocio con primicias y diezmos.

Con la ley como cimiento, la celebración del día santo, y el acuerdo firmado para obedecer a Dios, la construcción de la nación continúa mientras que Nehemías *asigna líderes sobre la ciudad de Jerusalén y sobre las aldeas de la provincia.* Se lleva a cabo el restablecimiento con algunos voluntarios que se quedan en Jerusalén, mientras sus familias regresan a sus propias aldeas. El don de motivación y de organizar a las personas de Nehemías le sirve bastante una vez más. Debido a que él ha sido consistente en su liderazgo mientras reconstruía los muros, sus seguidores saben que pueden confiar en él.

Se necesita una columna más para la base de la nación. *Nehemías restaura la tesorería nacional.* La seguridad económica es otro símbolo de esperanza para el futuro entre las naciones competidoras del Medio Este. Notablemente, Nehemías hace personalmente el primer y más grande regalo. Su accionar indica la riqueza que él ha acumulado como copero del rey. De manera más significativa, simboliza su completo compromiso a su gente y el ejemplo de liderazgo para que otros lo sigan.

En un movimiento paralelo de igual importancia, Nehemías amonesta a los nobles y oficiales que están robando a los pobres cobrándoles tanto que agotan el dinero de su comida y venden a sus hijas a esclavitud para pagar sus deudas; e hipotecan sus tierras para poder sobrevivir. Con la pérdida de su libertad para vivir sin miseria, ellos se han convertido en esclavos de sus propios hermanos. Con ira desenfrenada, Nehemías ordena restitución completa del dinero a los pobres y extrae la promesa de los arrogantes nobles y de los oficiales corruptos de que esto nunca más volverá a suceder. Luego, para balancear su acto de furia, Nehemías da ejemplo, al rehusar la parte generosa de comida del gobernador para alimentarse él y a su personal, debido a que los fondos provenían de los impuestos de la gente pobre.

Yo era amigo del editor político de un periódico local. Su columna semanal llegó a conocerse como el perro guardián de la integridad del estado y de los políticos locales.

Un día a la hora del almuerzo, él me proporcionó la regla bajo la que él trabajaba para monitorear el carácter de los líderes políticos. Me dijo: "Revise sus bienes económicos y financieros cuando ellos entran al cargo y cuando lo abandonan. Usted sabrá de inmediato si eran honestos o corruptos". La integridad del liderazgo se manifiesta a sí misma de muchas maneras, pero la integridad económica es el soplón indicador.

Una vez que los pilares de la nacionalidad están en su lugar, el restablecimiento está realizado, *Nehemías vuelve a llamar a su pueblo para la dedicación de los muros, lo que simboliza su renovada nacionalidad.* Los muros físicos representan su seguridad; los principios morales y espirituales los elevan a un lugar significativo. Es el momento para que los cantores den gracias mientras dirigen el paso a lo largo de lo alto del muro con Nehemías siguiéndolos. Los porteros están instalados en sus posiciones y los sacerdotes presiden en el proceso de purificar y llenar los depósitos del Templo como Dios lo había ordenado. La exuberancia de Nehemías resuena en sus palabras: El sonido del regocijo en Jerusalén se podía oír desde lejos (12:43). En cada instancia, el carácter y las habilidades del crisol eran notables. Nehemías era más que un constructor de muros —también es constructor de una nación.

LECCIONES DE LIDERAZGO DEL GOBERNADOR

Nehemías progresa en madurez en su liderazgo como gobernador en la ciudad de Jerusalén y en las provincias de Israel. Reconstruir una nación que ha sido ridiculizada como "el gusano bajo los pies" por vecinos hostiles, y restaurar la confianza de un pueblo desmoralizado son pruebas formidables de su liderazgo. Pero Nehemías está preparado para el reto. Él responde con habilidades de liderazgo que se pueden aplicar para fundar o renovar cualquier nación, institución u organización. Los líderes cristianos en particular se darán cuenta de que ya pueden aplicar la lista de habilidades de liderazgo de Nehemías en sus propios ministerios.

Mostrando una evidencia fuerte de su madurez en el desarrollo del liderazgo, *Nehemías adapta su estilo a cambios en su situación.* Como copero del rey con una supervivencia física en riesgo, él ejercita un control fuerte sobre el proceso y las personas bajo su mando. Como ingeniero de Dios reconstruyendo los muros de Jerusalén para darles a sus habitantes seguridad de los ataques, él gana la autoridad del mando a través de su planeación, organización, operación y por estar trabajando a la par de los demás.

La gobernación, sin embargo, requiere un ajuste mayor en el estilo de liderazgo. Nehemías tiene que girar del control del proceso y mandato de la gente a *la colaboración involucrando normas, políticas y la opinión pública.* Si Nehemías hubiera persistido en su estilo de liderazgo como copero o ingeniero, él hubiera fallado como gobernador.

Los líderes efectivos, especialmente aquellos que sirven

a largo plazo, son flexibles en el estilo a medida que cambia la situación. Esto no significa un compromiso con la moral o los principios. En el lenguaje de James McGregor Burns, un líder transaccional puede ser tan efectivo como líder transformacional. De hecho, el mismo líder puede ser transformacional en un momento y transaccional en otro momento. Nehemías muestra que puede ser ambos.

Como copero, él exhibe liderazgo que es casi exclusivamente transaccional. Como ingeniero, sin embargo, él tiene una visión en sus planes de construir los muros, una visión que está comenzando a tomar las características de la transformación. En su gobernación, la escala se inclina pesadamente hacia el estilo de transformación que eleva a una nación a un nivel significativo. Nehemías ilustra el hecho de que los grandes líderes no pueden ser estereotipados por el estilo. En el crisol de la experiencia, ellos aprenden a adaptarse a circunstancias cambiantes sin perder su integridad personal.

Nehemías nos muestra otra cualidad de madurez en su entendimiento de lo que tomará para reconstruir una nación. Su primera decisión es llamar a Esdras, el escriba, para que lidere junto con él. Aunque Nehemías tiene el brillo del éxito por construir los muros y la influencia de la autoridad del rey, él sabe que reconstruir la nación depende de una base legal, moral y espiritual. Esdras es un experto en esta área.

Día tras día Esdras lee al pueblo la Ley del libro de Moisés, recordándoles el hecho de que Dios les ha dado "juicios rectos, leyes verdaderas, y estatutos y mandamientos buenos" (9:13*b*). Esta es una declaración de independencia para Israel. La gente responde con oraciones de confesión seguidas de celebración de regocijo y la restauración de la Fiesta de los Tabernáculos como símbolos de su libertad nuevamente encontrada.

Una vez que Esdras completa la lectura del libro de Moisés, *Nehemías dirige los cantos y sella un acuerdo de compromiso para obedecer la carta y el espíritu de la Ley.* Cada sacerdote en Israel y la cabeza de cada familia a lo largo de toda la tierra, sigue el ejemplo. Firmado y sellado como compromiso común, el acuerdo sirve como constitución para la nación. Incluidos en el compromiso están las acciones fundamentales como la de restaurar el principio del día de reposo, reverenciar la casa de Dios, rechazar matrimonios mixtos, la reconstrucción del tesoro nacional, y proveer para las necesidades del clero.

Se precisa colocar una piedra más como base para la reconstrucción de la nación. Los judíos que se escondían detrás de la seguridad de los muros de Jerusalén necesitaban ser restablecidos en las aldeas y pueblos de Israel como evidencia de su confianza en la promesa de Dios para su pueblo. Para mayor seguridad, Nehemías asigna un complemento total de *líderes provinciales* para cada pueblo y aldea de la tierra. La red religiosa, secular y de relaciones familiares ahora estaba completa. Cada israelita tenía un papel personal en la reconstrucción de la nación.

Nehemías añade a la evidencia de su crecimiento cuando trata efectivamente con la paradoja en su liderazgo. En su asignación anterior, él enfrentó asuntos en blanco y negro. No había ambigüedades en la responsabilidad como copero y pocas complicaciones en el papel de ingeniero. Pero como gobernador, Nehemías pasa a un área política en donde reina la ambigüedad y la paradoja. Así es que su trabajo no está realizado. Como líder él enfrenta el dilema de balancear la confesión con la celebración, el llanto con el canto, y la reforma religiosa con la renovación espiritual. Su tarea es como la de un administrador de una universidad, que tiene responsabilidad tanto por la disciplina y la consejería, o como el de un oficial de prisión que debe rendir cuentas tanto por la custodia como por la rehabilitación. Tan difícil como sea, la paradoja es la prueba del liderazgo.

Nehemías agoniza sobre todo por las decisiones difíciles que tiene que tomar como *reformador.* Él purga a los paganos de la casa de Dios, ordena que la gente traiga diezmos y ofrendas al depósito como provisiones para los sacerdotes; arroja afuera a los mercaderes que violan el día de reposo; amonesta a los hombres que se casan con mujeres paganas; y purifica el sacerdocio de elementos extraños. Sus decisiones se extienden desde las quirúrgicas hasta las expulsiones furiosas. Ambas acciones van en contra de su naturaleza, debido a que después de cada hecho disciplinario lo sigue con una oración pidiéndole a Dios que lo recuerde por hacer lo que él sabe que tiene que hacer. Sin embargo, esta es la suerte de cada liderazgo. Porque entre más alto y mayor bien, un líder sufre la agonía y la soledad de decisiones dolorosas.

Como prueba final de la madurez de Nehemías como líder, aprendemos que él es un maestro de símbolos. Una vez que se reconstruyen los muros y se restablece la base de la nación, es tiempo de celebrar el trabajo con una ceremonia de dedicación. Nehemías toma el liderazgo en planear el programa que presenta las canciones de los coros y la música instrumental. Se llama a todos los sacerdotes y coros de los pueblos y aldeas a Jerusalén para un día nacional de dedicación. Simbólicamente, Nehemías llama a todos los líderes a lo alto del muro, pone a los coros al frente, y toma su lugar detrás de ellos. Es un toque maestro mientras que todas las personas se regocijan y el sonido del regocijo en Jerusalén se podía escuchar desde lejos (12:43). Los amigos y enemigos que escuchan los cantos saben que Jerusalén estaba segura y que Israel había tomado un lugar significativo entre las naciones.

La dedicación de los muros nos recuerda de otros sucesos en los que Nehemías mostró su dominio de símbolos para la comunicación. Su caminar a medianoche sobre los escombros de los muros significa su identificación personal con las necesidades de las personas, así que puede congregar a los líderes de la ciudad y reunirlos para trabajar. Igualmente poderoso es él con sus manos a la obra, lo cual se convierte en un modelo de servicio propio a seguir para los sacerdotes, artesanos y cabezas de familia. En contraste con los nobles que rehúsan unirse al trabajo, Nehemías gana indudablemente el corazón de la gente.

Más tarde, mientras el trabajo avanza, Nehemías se entera que los mismos nobles y oficiales que se rehusaron a trabajar estaban extorsionando a los pobres cobrándoles intereses exorbitantes en préstamos personales y por la hipoteca de las tierras. Cuando le llega la acusación a Nehemías, él ordena que los sacerdotes, nobles y los oficiales públicos se reúnan y firmen un juramento comprometiéndose a devolver el dinero y a no seguir esa costumbre. Pero cuando él sacude los pliegues de su manto como símbolo de la ira de Dios y la autoridad del rey, la acción habla fuerte y claramente.

Lo mejor de todo, sin embargo, es el desafío de Nehemías cuando sus conspiradores Sanbalat y Gesem le enviaron una invitación para que dejara de trabajar y bajara desde el muro para asistir a una reunión en la que ellos podrían supuestamente aclarar sus diferencias. Cuatro veces llegan sus invitaciones lisonjeras, y cuatro veces las rechaza Nehemías diciendo: "Yo hago una gran obra, y no puedo ir; porque cesaría la obra, dejándola yo para ir a vosotros" (6:3). Mientras se desparrama su respuesta entre los constructores totalmente exhaustos, pero a pocos días de terminar su trabajo, su fatiga le da lugar a una explosión de energía que los impulsa a seguir adelante. Con la inspiración del rechazo de Nehemías para detener el trabajo por el bien de la lisonja, terminan los muros en el tiempo récord de 52 días. Los grandes líderes son maestros de los símbolos en comunicar su visión para energizar y movilizar las masas.

Así que, como gobernador de Judá, Nehemías nos muestra cómo crece un líder a medida que avanza. El líder adapta su estilo de liderazgo a las circunstancias cambiantes, comparte su autoridad en reconstruir la nación sobre la base de la Ley de Moisés y el pacto de Dios, toma decisiones para el mayor bien a un costo personal, y domina los símbolos de comunicación. Nehemías es un candidato de grandeza entre los líderes que reforman y renuevan nuestras instituciones sociales sobre bases sólidas, legales, morales y espirituales.

DESARROLLANDO NUESTRO LIDERAZGO

Ejercicio 5

La visión es el énfasis mayor en el desarrollo de liderazgo hoy día. Un líder de visión, sin embargo, también tiene que ser un líder fundamental que construye y renueva una organización en principios sólidos históricos, legales, morales y espirituales. Nehemías nos muestra cómo se aplican esos principios para la restauración de Israel como una nación de importancia. ¿Se aplican estos mismos principios a la edificación y renovación de su ministerio?

1. ¿Las bases *históricas y legales* de su organización están documentadas por escrito y entendidas por todos los miembros?

2. ¿Están claros para todos los miembros los *estándares morales* para juzgar el comportamiento correcto e incorrecto, y es aceptado por ellos?

3. ¿Son las *expectativas espirituales* una parte vital de la cultura de la organización, junto a todos los miembros contribuyendo en su cumplimiento?

4. ¿Cómo *firman y sellan* los miembros su *compromiso* para cumplir estos principios?

Ahora páseles estas preguntas a los líderes de su organización:

1. ¿Qué *celebra* su organización? ¿Cómo guía usted la celebración?

2. ¿Cuáles son las *paradojas* con las que tiene que tratar en su organización? ¿Cómo ha tratado de resolverlas?

3. ¿Qué *símbolos* usa usted para comunicar la misión y significado de su organización a sus miembros?

Al hacer las mismas preguntas que hizo Nehemías, podremos encontrar la respuesta para reconstruir, reformar y renovar nuestro ministerio.

Mas a todo esto,
yo no estaba
en Jerusalén...
    (13:6).

–La desesperación de Nehemías
al enterarse que sus
reformas han fallado.

Diario del liderazgo de Nehemías

Capítulo 13

Corrupción en la casa de Dios (13:1, 3)

Aquel día se leyó en el libro de Moisés, oyéndolo el pueblo, y fue hallado escrito en él que los amonitas y moabitas no debían entrar jamás en la congregación de Dios... Cuando oyeron, pues, la ley, separaron de Israel a todos los mezclados con extranjeros.

La causa de la corrupción (13:4-5)

Y antes de esto el sacerdote Eliasib, siendo jefe de la cámara de la casa de nuestro Dios, había emparentado con Tobías, y le había hecho una gran cámara, en la cual guardaban antes las ofrendas, el incienso, los utensilios, el diezmo del grano, del vino y del aceite, que estaba mandado dar a los levitas, a los cantores y a los porteros, y la ofrenda de los sacerdotes.

Las reformas de Nehemías (13:6-9)

Mas a todo esto, yo no estaba en Jerusalén, porque en el año treinta y dos de Artajerjes rey de Babilonia fui al rey; y al cabo de algunos días pedí permiso al rey para volver a Jerusalén; y entonces supe del mal que había hecho Eliasib por consideración a Tobías, haciendo para él una cámara en los atrios de la casa de Dios.

Y me dolió en gran manera; y arrojé todos los muebles de la casa de Tobías fuera de la cámara, y dije que limpiasen las cámaras, e hice volver allí los utensilios de la casa de Dios, las ofrendas y el incienso.

Restaurando la práctica del diezmo (13:10-14)

Encontré asimismo que las porciones para los levitas no les habían sido dadas, y que los levitas y cantores que hacían el servicio habían huido cada uno a su heredad. Entonces reprendí a los oficiales, y dije: ¿Por qué está la casa de Dios abandonada? Y los reuní y los puse en sus puestos.

Y todo Judá trajo el diezmo del grano, del vino y del aceite, a los almacenes. Y puse por mayordomos de ellos al sacerdote Selemías y al escriba Sadoc, y de los levitas a Pedaías; y al servicio de ellos a Hanán hijo de Zacur, hijo de Matanías; porque eran tenidos por fieles…

Acuérdate de mí, oh Dios, en orden a esto, y no borres mis misericordias que hice en la casa de mi Dios, y en su servicio.

Honrando el día de reposo (13:15-19, 22)

En aquellos días vi en Judá a algunos que pisaban en lagares en el día de reposo, y que acarreaban haces, y cargaban asnos con vino, y también de uvas, de higos y toda suerte de carga, y que traían a Jerusalén en día de reposo, y los amonesté acerca del día en que vendían las provisiones. También había en la ciudad tirios que traían pescado y toda mercadería, y vendían en día de reposo a los hijos de Judá en Jerusalén. Y reprendí a los señores de Judá y les dije: ¿Qué mala cosa es esta que vosotros hacéis, profanando así el día de reposo? ¿No hicieron así vuestros padres, y trajo nuestro Dios todo este mal sobre nosotros y sobre esta ciudad? ¿Y vosotros añadís ira sobre Israel profanando el día de reposo?

Sucedió, pues, que cuando iba oscureciendo a las puertas de Jerusalén antes del día de reposo, dije que se cerrasen las puertas, y ordené que no las abriesen hasta después del día de reposo… Y dije a los levitas que se purificasen y viniesen a guardar las puertas, para santificar el día del reposo. También por esto acuérdate de mí, Dios mío, y perdóname según la grandeza de tu misericordia.

Santificando el matrimonio (13:23-27)

Vi asimismo en aquellos días a judíos que habían tomado mujeres de Asdod, amonitas, y moabitas; y la mitad de sus hijos hablaban la lengua de Asdod, porque no sabían hablar judaico, sino que hablaban conforme a la lengua de cada pueblo. Y reñí con ellos, y los maldije, y herí a algunos de ellos, y les arranqué los cabellos, y les hice jurar, diciendo: No daréis vuestras hijas a sus hijos, y no tomaréis de sus hijas para vuestros hijos, ni para vosotros mismos. ¿No pecó por esto Salomón, rey de Israel? Bien que en muchas naciones no hubo rey como él, que era amado de su Dios y Dios lo había puesto por rey sobre todo Israel, aun a él le hicieron pecar las mujeres extranjeras. ¿Y obedeceremos a vosotros para cometer todo este mal tan grande de prevaricar contra nuestro Dios, tomando mujeres extranjeras?

PURIFICANDO EL SACERDOCIO (13:28-31)

Y uno de los hijos de Joiada hijo del sumo sacerdote Eliasib era yerno de Sanbalat horonita; por tanto, lo ahuyenté de mí.

Acuérdate de ellos, Dios mío, contra los que contaminan el sacerdocio, y el pacto del sacerdocio de los levitas.

Los limpié, pues, de todo extranjero, y puse a los sacerdotes y levitas por sus grupos, a cada uno en su servicio; y para la ofrenda de la leña en los tiempos señalados, y para las primicias. Acuérdate de mí, Dios mío, para bien.

6 - El legislador

Liderazgo para la sucesión

El viaje de Nehemías no termina aquí. Una prueba inesperada de su liderazgo llega cuando expira su permiso para ausentarse de la corte del rey y tiene que regresar a Babilonia. Él todavía es gobernador de la provincia, pero con el papel de propietario ausente. Aquí es donde comienza el problema. Antes de que él saliera de Jerusalén, puso a Eliasib, el sacerdote, a cargo de las despensas del Templo. Él confía en él aunque sabe que está asociado de cerca con Tobías, el hombre taimado que había sido el enemigo de Nehemías desde el puro comienzo.

Cuando Nehemías consigue el permiso del rey para regresar a Jerusalén para su segundo período, se entera de que a Tobías se le ha dado uno de los cuartos de almacenaje de la casa de Dios. Ahora el templo está corrompido, los sacerdotes están abandonados y los cantores detienen la música. De aquí en adelante, Nehemías tiene que asumir el papel de administrador "cambiante". Su carrera concluye con él enojado, no sólo en contra de Tobías, sino en contra de todos los líderes que han fallado el código de conducta al corromper la casa de Dios; abandonando el sacerdocio; comprando y vendiendo en el día de reposo; y casándose con vecinos paganos.

ORACIONES PARA SER RECORDADO

Las oraciones de Nehemías reflejan su desagrado de este nuevo papel. Él se detiene para hacer una oración para que Dios se acuerde de él, pidiendo de su gracia debido a sus actos agresivos en oposición a la corrupción. Desquitando su ira en contra de Eliasib, arroja todos los muebles de Tobías fuera del depósito del Templo. Luego amenaza con maltratar a todos los que profanen el día de reposo. A los hombres de Judá que se casan con mujeres extranjeras, los maldice, golpea a algunos de ellos, y les arranca el cabello. Después de cada acto, él hace una oración que la Biblia judía interpreta como: "Acuérdate de mí, Dios mío, para bien".

En su libro *Good to Great [De bueno a grandioso]* James Collins marca al respecto la diferencia entre líderes buenos y grandiosos. Un líder grandioso, de acuerdo a Collins, se mira al espejo para encontrar la culpa o afuera de la ventana para encontrar el crédito (p. 33). Nehemías hace lo opuesto: mira al espejo buscando crédito y afuera de la ventana buscando la culpa; él pierde el toque de grandeza que había alcanzado. De repente, los cantos se detienen, la alegría se aleja, y escuchamos el grito lastimero de un líder que actúa sacado, sintiendo como si todo su trabajo hubiera sido en vano. Las palabras de Nehemías nos persiguen cuando él resume su vida y concluye su libro con palabras que ha repetido cuatro veces en la etapa final de su carrera: "Acuérdate de mí, Dios mío, para bien" (13:31). Antes siempre dejaba que su trabajo hablara por sí mismo.

El momento crucial

¿Cuál fue el momento crucial en el viaje de liderazgo de Nehemías que lo deja rogando para que Dios se acuerde de él? La clave está en su asignación de Eliasib, un amigo cercano de Tobías, su archienemigo. Tan pronto como Nehemías sale de la ciudad y Eliasib le da a Tobías un depósito grande de la casa de Dios en donde se guardan los artículos de adoración junto con los diezmos del grano, vino, y aceite como provisión para los sacerdotes, cantores y porteros. Al darle el espacio a Tobías, Eliasib contamina el Templo, viola su compromiso constitucional, y rechaza la casa de Dios.

Por lo tanto, cesa la adoración, los cantos se detienen, y los portones quedan desprotegidos. Todo el trabajo que Nehemías había llevado a cabo para reconstruir la nación está en riesgo. Así que cuando regresa de Babilonia, gasta el resto de su conocida carrera como un administrador cambiante empuñando un hacha afilada con palabras furiosas y acciones volátiles. Él alcanza su tono afiebrado cuando confronta a los hombres que se habían casado con mujeres paganas. En sus propias palabras Nehemías dice: "Reñí con ellos, y los maldije, y herí a algunos de ellos, y les arranqué los cabellos" (13:25a). No es de sorprenderse que él continúe con la súplica lastimera de: "Acuérdate de mí, Dios mío, para bien". La futilidad hace eco a través de sus palabras, y entre líneas leemos el resentimiento.

Doce años de grandes logros son borrados, y en los últimos años como gobernador, Nehemías es relegado una vez más al trabajo detestable de limpiar la casa. Con la misma clase de enojo que Job, da voces contra Dios por su sufrimiento y se queja acerca de su suerte en el liderazgo. Él teme ser recordado por sus actos abruptos por la reforma moral y espiritual, y no como el gobernador que reconstruyó los muros, que restauró la nación y que renovó el pacto con Dios. Detrás de su apelación para que se acuerde de él, está escondido el pensamiento de Dios, *yo seguí tu llamado y traté de hacer tu voluntad, pero mira a dónde me ha llevado. Acuérdate de mí para bien.* Gobierna la duda en sí mismo, y reina la autocompasión. ¿Concluirá el liderazgo de Nehemías bajo la sombra?

Una perspectiva del problema

Todo líder honesto se identificará con Nehemías. El camino de liderazgo no es una autopista libre de obstáculos. La alabanza es contrarrestada por el criticismo, la confianza es templada por la duda, el éxito es emparejado por el fracaso, momentos de gloria seguidos por embotamiento, y el canto da lugar a la tristeza. Pero como Nehemías se da cuenta, nada es más angustiante que sentir que todo el trabajo que has hecho ha sido en vano. ¿Qué le sucede a Nehemías? Necesitamos mirar más profundamente el capítulo final de su carrera para poder entenderlo y ganar una perspectiva total de su liderazgo y no en parte.

No hay duda de que Nehemías toma una mala decisión que regresa para perseguirlo. Cuando se acaba su sabático y tiene que regresar a Babilonia, él instala a Eliasib un conocido amigo de Tobías a cargo de los depósitos. No conocemos el razonamiento de la decisión de Nehemías, pero podemos adivinar por experiencia. En el caso de la asignación de Eliasib, él viola una regla cardinal para un líder ejecutivo: *Nunca promuevas tus problemas.*

Yo todavía traigo las heridas del mismo error. Tres o cuatro veces en mi carrera, promoví a personas brillantes y simpáticas a posiciones de liderazgo con la suposición de que su nuevo papel cubriría sus fallas de carácter. En cada caso pagué un precio terrible, En un caso puse a riesgo mi liderazgo, y en otro caso, puse a una persona en un punto en la que toda la organización hubiera podido ser envenenada.

Nehemías paga el mismo precio. Con una mala decisión, él abre las puertas para deshacer todo lo bueno que él ha hecho en reconstruir la nación sobre la base moral y espiritual de la Ley Mosaica. Él pudo haber sido ingenuo en confiar en Eliasib, pero lo dudo. En el crisol de copero, él había aprendido a no confiar en nadie. De alguna manera la escena cambia. Tal vez su confianza en el compromiso de la gente, que firmó el inquebrantable acuerdo de obedecer la Ley de Moisés, se convierte en la base de su confianza. Si es así, él aprende una lección que nos sirve a todos. Los acuerdos firmados, tales como declaraciones de fe o contratos de compromisos, nunca son suficientes.

Nehemías, un hombre de integridad total, aprende que la confianza a ciegas no es lo suficientemente buena. Los acuerdos morales necesitan ser escritos en el corazón, y los compromisos espirituales tienen que ser tallados dentro del alma. Cuando Nehemías pone su confianza en la firma de Eliasib sobre el acuerdo para cumplir y asume que su amistad con Tobías no es contaminante, pone en riesgo el fundamento moral y espiritual de la nación. El acto corrupto de Eliasib es contagioso. Todo compromiso moral y espiritual que ciñe a la nación es violado, y Nehemías regresa a casa para convertirse en un líder desilusionado. Todo comienza cuando él pasa por alto la falla fatal del carácter de Eliasib y toma la decisión de promover su problema.

Sucumbiendo a la fatiga

¿Cómo podemos explicar la trayectoria de Nehemías en el liderazgo? La experiencia nos ofrece algo de conocimiento.

En primer plano existe la posibilidad que Nehemías esté mostrando señales de agotamiento después de doce años de una total autoentrega en reconstruir los muros y en renovar a la nación. Como líder que ha "estado ahí", veo en Nehemías los síntomas obvios de agotamiento emocional y fatiga ejecutiva. Su decisión de dejar a Eliasib a cargo del depósito de la casa de Dios es el ejemplo que más lo delata.

Cuando los líderes están fatigados, la agudeza mental se vuelve borrosa, y se toman malas decisiones. Otra evidencia de su agotamiento es la falla de Nehemías en ser objetivo con su papel de gobernador. Cuando los sacerdotes, los nobles y los oficiales pecan durante su ausencia, él toma la falta de ellos como algo personal. Las acciones furiosas y violentas son justificadas sólo si no son reacciones vengativas que se levantan de un dolor personal. Cuando Jesús limpia el Templo, él nos muestra una furia objetiva involucrando principios, no personalidades. Nehemías, por otro lado, arranca el cabello de los hombres que se habían casado con mujeres extranjeras. En sus oraciones de recordatorio, podemos escuchar entre líneas y sentir su ruego de perdón por sus propios actos violentos.

El agotamiento es un peligro ocupacional para los líderes ejecutivos, especialmente para aquellos en posiciones altas. En su forma extrema, los síntomas se dan a conocer en tales extremos como el alcoholismo, abuso de sustancias, divorcio, enfermedad mental, y aún suicidio. Otros grandes indicadores incluyen quebranto físico, cambios emocionales de ánimo, y confusión moral. Un síntoma menor que lastima la efectividad ejecutiva es la duda propia, guiando a reacciones defensivas y a malas decisiones. En mi caso propio como jefe oficial ejecutivo, vi que se prendía la luz roja cuando perdí tremendamente la energía, evitaba pronta confrontación para resolver asuntos críticos, magnificaba incidentes pequeños como si fueran grandes crisis, y me irritaba con mi esposa y familia.

Los síntomas de agotamiento son personalizados con cada individuo. Los líderes sabios conocen sus propios síntomas y encuentran alivio antes de que los ataque y llegue el desastre. La fortaleza de carácter de Nehemías y su madurez espiritual lo detienen de sucumbir a los síntomas extremos del agotamiento, pero él parece ser una víctima de su propia duda y sus consecuencias con reacciones defensivas y malas decisiones.

Futilidad, sin embargo, es el síntoma más grave del agotamiento de liderazgo. Nehemías ha visto cómo doce años de sacrificio por su nación y su gente, han sido exterminados en el breve período de su ausencia. Sólo podemos imaginar la agonía de comenzar todo nuevamente para reformar la nación. En la oración final de Nehemías, podemos escuchar el sonido lastimero al preguntar: *¿Cuál es el significado de la vida? ¿Ha valido la pena?* Su carrera concluye con este tono triste de autocompasión. Con un último ruego de ser recordado por Dios, Nehemías desaparece de la escena y no deja ningún otro récord de su vida o su liderazgo. La carrera que comienza con una explosión termina en un gimoteo.

SUBIENDO A LA INCOMPETENCIA

Otra opción para explicar el aparente fracaso de Nehemías como diplomático es la promoción al nivel de su incompetencia. Muchos líderes pueden reaccionar negativamente al pensamiento de esta opción. En todos los libros que conozco que se han escrito acerca del liderazgo de Nehemías, nunca se mencionan ni la incompetencia ni el fracaso. Un principio del funcionamiento del desarrollo de liderazgo nos enseña esto. Ninguno de nosotros tiene los dones para guiar en cada situación, y cualquiera de nosotros puede ser promovido a nuestro nivel de incompetencia.

En 1980 quedé como finalista para la posición de Secretario de Educación en el gabinete de Reagan. La nómina fue un honor que me llevó a mis "quince minutos de fama" en los medios nacionales. De igual manera admito rápidamente que yo quería el cargo y sentí como si la voluntad de Dios coincidiera con mi ambición. Aun así, oré: *"Señor, si al ser asignado a esta posición hace que pierda mi fe o mi familia, que no se concrete".* No fui asignado, y así Dios respondió mi oración. Mirando atrás hacia esos momentos emocionantes en las alturas de la visibilidad a nivel nacional, ahora me doy cuenta de que Dios me salvó de que me promovieran al nivel de mi incompetencia.

Yo amo la acción ejecutiva, pero muero en el proceso político. Otros pueden prosperar en el arte práctico del compromiso político, y los honro. Yo no. No tengo ni la paciencia ni la habilidad requerida para ese trabajo. Si hubiera sido asignado como Secretario de Educación, me hubiera rebelado ante la designación de un secretario suplente que me impongan sin consultarme; me hubiera resistido a la edición del partido para la corrección de mis discursos, y hubiera rehusado mantener mi boca cerrada en las reuniones del gabinete cuando la educación necesitaba a un campeón. Por cierto, la asignación me hubiera elevado a mi posición de incompetencia.

Nehemías pudo haberse encontrado en la misma posición. Cuando se trata de administrar el proceso, planear proyectos, atender los detalles, y motivar a las personas para que desempeñen tareas específicas, él era el líder por excelencia. Estos son dones de liderazgo que le traen a él un éxito espectacular en la reconstrucción de los muros de Jerusalén y en restaurar la nacionalidad a Israel. Pero cuando introducimos ambigüedad al plan y añadimos las frustraciones del proceso político, y transferimos el peso de la responsabilidad de hacerlo por nosotros mismos en lugar de delegar con confianza, la experiencia del crisol que tuvo Nehemías no pudo ser transferida. Los dones de un ingeniero no se aplican a las habilidades de un legislador.

Muchos líderes al borde de la grandeza experimentan la misma frustración. Jimmy Carter es una persona a la que he estado observando a lo largo del trayecto de su liderazgo como presidente de los Estados Unidos hasta ser el ganador de un Premio Nóbel. Él llevó sus habilidades de ingeniero y su compromiso cristiano a la presidencia y falló, de acuerdo a la evaluación de la mayoría de los expertos. El rumor cuenta que él reservó las canchas de tenis de la Casa Blanca para sí mismo hasta el día en que salió. La microgestión era tanto su fuerte como su debilidad.

Además, cuando sus convicciones cristianas chocaron con la ventaja política, él se vio en conflicto, al cual sucumbió por la presión política. Sin embargo, después de haber perdido el segundo término para la presidencia, Jimmy Carter estuvo libre para ejercitar sus dones. Como ingeniero dirigiendo la construcción de hogares para *Hogares para la Humanidad*, él se siente como en casa con sus dones.

Al seguir las convicciones de su fe cristiana hacia una labor específica para mantener la paz internacional, él se encuentra en su salsa. Recientemente me ha asombrado su osadía hacia un mundo peligroso de la ficción creativa con su novela *The Hornet's Nest, [El nido del avispón]*. Los críticos lo han etiquetado como "tan seco como el polvo", ¿pero qué más se puede esperar de un ingeniero exitoso? Démosle crédito a Jimmy Carter por la motivación de extender sus límites y por esforzarse al máximo.

La revista *Business Week* añade otro dato acerca del desarrollo ejecutivo cuando reporta la renuncia de Phil Condit como presidente y principal ejecutivo oficial de la compañía Boeing. En palabras exactas que no pueden ser malinterpretadas, el artículo comienza con la declaración de que la historia de Phil Condit es:

> Un cuento de un administrador promovido más allá de sus habilidades propias y ciego en cuanto a sus propias deficiencias. Las habilidades que lo convirtieron en un ingeniero brillante —un obsesivo al solucionar problemas, con una visión especial en diseños elegantes— fueron de menor uso en la posición ejecutiva. Aunque siempre un visionario audaz, Condit frecuentemente era indeciso y se apartaba siendo un Director Ejecutivo (*Business Week*, diciembre 15, 2003, p. 32).

Nehemías también es un ingeniero exitoso que se levanta al nivel de su incompetencia. Él es un maestro de tarea específica que está enfocada limitadamente a un plan detallado, implementado el liderazgo de manos a la obra, y completado en un tiempo específico con resultados tangibles. La reconstrucción de los muros de Jerusalén y la nación de Israel eran proyectos básicamente de ingeniería para lo que Nehemías era altamente exitoso. También tuvo éxito como gobernador de la provincia mientras estuvo presente para dar instrucciones persona a persona. Sin embargo, tan pronto como toma un pequeño sabático de su puesto, todo se le viene abajo. Israel necesita ahora un líder que sea un legislador.

Las calificaciones para el liderazgo de un legislador están en contraste agudo a las expectativas de un ingeniero. Como ya vimos, un ingeniero funciona mejor con una tarea específica definida por un plan de enfoque limitado. Un legislador no tiene esa ventaja. La labor es general, el panorama es global, el plan gira con las dinámicas de la demanda. Un ingeniero también tiende a trabajar mano a mano como líder atendiendo personalmente los detalles y evaluando la operación.

Reiteramos, un legislador sólo puede desear esa ventaja. En el teje y maneje del liderazgo político, un legislador tiene que ejercer la autoridad junto a otros, delegar funciones y depender de otros para obtener una acción efectiva. Finalmente, recordamos que un ingeniero es exitoso cuando el proceso se mantiene a horario y los resultados son tangibles. No así para el legislador. El éxito en el liderazgo es a largo plazo con resultados no tangibles. La experiencia de Nehemías en el crisol del copero no lo preparó para ser un legislador.

Preparando a nuestro sucesor

Llegamos al meollo del problema concluyendo que *Nehemías falla en preparar un sucesor que posea su mismo carácter, visión y competencia.* Al releer la historia de Nehemías, no vemos evidencia de alguien que lo respalde cuando él tiene que regresar a Babilonia. Sólo se le da responsabilidad de liderazgo a Eliasib en la ausencia de Nehemías.

Sin embargo, su papel de tomar en serio el depósito central del Templo es fundamental para el futuro de la nación. Debido a que ahora Eliasib es la alternativa de Nehemías para el liderazgo, todos los demás líderes lo miran a él. Si él es fiel y confiable, los demás serán fieles a su confianza. Si él es corrupto, los demás serán corruptos.

Frecuentemente soy tutor de presidentes jóvenes de universidades. Una de las primeras preguntas que hago es: Asuma que mañana usted abandona la tierra, ¿quién continuará con su visión y logrará sus metas? A los líderes jóvenes en particular no les gusta la pregunta, porque no se pueden imaginar a ellos mismos ausentes de la escena. Sin embargo, es una lección que se necesita aprender temprano en una carrera ejecutiva. Identificar un líder potencial y comenzar a prepararlo para un papel futuro es una prueba de confianza y una muestra de autoconfianza. Los ingenieros que dependen fuertemente en su habilidad individual les cuesta mucho duplicarse a sí mismos. Sin embargo, si Nehemías hubiera preparado un respaldo para su liderazgo, él se hubiera ahorrado el dolor de ver que su trabajo se le viniera abajo.

La pregunta más difícil que les podemos hacer a los ejecutivos interesados es si están dispuestos a identificar y a preparar a gente joven para la siguiente generación de liderazgo. Una respuesta afirmativa significa que están dispuestos a tomar a los protegidos con dones que excedan a los de ellos.

En el caso de Nehemías, un ingeniero exitoso necesita preparar a una persona con los dones de un legislador. Esto es una prueba de sacrificio propio. Nehemías tendría que haber visto el panorama del futuro y reconocer sus propios límites. Inicialmente, él puede que sienta la amenaza de un protegido con dones de un legislador, pero a la larga él hubiera experimentado una gran satisfacción. En lugar de concluir el libro de Nehemías con una oración de autocompasión, hubiera podido arrojar una visión para el futuro de Israel y haber promovido a su sucesor como el líder del futuro.

Desarrollando nuestro liderazgo

Ejercicio 6

El liderazgo corre por los vecindarios. Un vecindario es más que una simple organización o institución. Es un campo de servicio, tal como educación, negocios, gobierno, o ministerio. A menudo usamos el término "comunidad cristiana" para describir un vecindario grande en el cual servimos. Dentro de este vecindario hay secciones definidas por nuestra posición teológica o nuestra identidad denominacional. La mayoría de nosotros pasamos nuestras carreras en vecindarios o aun en una sección del vecindario. Otros tienen la oportunidad de cambiarse de vecindario y de servir en un contexto más amplio.

Piense acerca del barrio en donde usted sirve. ¿Cuál

sería el papel ministerial al cual lo puedan asignar o elegir que lo llevaría a su nivel de incompetencia? ¿Qué expectativas lo harían sentirse incómodo o revelarían sus competencias?

Expanda sus pensamientos a roles de liderazgo en los que usted tendría que cambiar de vecindario o conectarlos a los dos. ¿Qué prueba de carácter o competencia vendrían del nuevo vecindario? ¿Cómo lo moverían estas expectativas a su nivel de incompetencia?

¿Qué si usted piensa que estas nuevas y extendidas responsabilidades son como un regreso al crisol para aprender lecciones avanzadas de liderazgo? ¿Cuál sería la prueba de carácter? ¿Cuál sería la prueba de habilidad? ¿Está listo/a para este cambio? ¿Lo puede hacer? ¿Lo quiere hacer?

Acuérdate de mí,
Dios mío,
para bien
  (13:31).

  –Las últimas palabras
  de Nehemías.

PARTE III

EN EL BALANCE

7 - LA PERSPECTIVA DEL TIEMPO

Una exhaustiva mirada al liderazgo

Nuestra trayectoria hacia el liderazgo es como la búsqueda del Santo Grial. Al final de nuestro peregrinaje está la esperanza de descubrir el significado de grandeza. ¡Cielos!, así como la búsqueda mística del Santo Grial, nuestra meta nos elude. Hemos sido más o menos exitosos en identificar algunas de las características del liderazgo efectivo. Cuando las metas estratégicas de una organización se logran, el liderazgo es efectivo. Pero no podemos usar el mismo resultado final para diferenciar entre un liderazgo bueno o malo. Complicamos este asunto cuando añadimos una norma moral a la ecuación. Buenos líderes que son éticos en la práctica pueden ser inefectivos en el resultado.

El panorama de la historia está llena de un montón de buenos líderes, pero ineficaces. Líderes malos que violan las normas de lo correcto y lo incorrecto pueden actualmente sobrepasar el logro de sus metas. Aun si creemos que la verdad finalmente triunfará, no podemos negar la efectividad de algunos líderes maquiavélicos que alcanzan sus metas.

Cuando agregamos la idea de "grandeza" a nuestra evaluación de liderazgo, presentamos una dimensión que es más evasiva que nunca. Con mucha facilidad hablamos de grandes líderes, pero ¿qué queremos decir con esto? Nehemías nos ayuda a responder esta pregunta. Necesitamos un panorama de liderazgo que balancee la ética con la efectividad, bueno con grandeza, en una escala imparcial. Con esta perspectiva en mente, regresemos al final de la trayectoria de liderazgo de Nehemías.

DE REGRESO AL CRISOL

Hay dos maneras de mirar las últimas palabras de Nehemías de su libro autobiográfico. Cuando él dice: "Acuérdate de mí, Dios mío, para bien", podemos leer estas palabras como señal de renuncia o como retorno al crisol en donde hay nuevas lecciones que aprender. Los pesimistas verán su oración final como una confesión de fracaso. Los optimistas preguntarán: ¿Qué hay más adelante?"

Las experiencias del crisol son puntos de referencia a lo largo de la trayectoria del liderazgo. Mientras que una experiencia puede formar inicialmente nuestro carácter y nuestra competencia, cada paso mayor hacia delante en la trayectoria tendrá su propio crisol. Estas experiencias progresivas probarán nuestro carácter y extenderán nuestras habilidades. A través de ellas nos damos cuenta de que el liderazgo es un proceso de aprendizaje de toda la vida. Cuando nos detenemos de tomar riesgos, dejamos de aprender, dejamos de liderar. Creo que cualquiera de nosotros puede detenerse en cualquier momento y describir el crisol en el que nos encontramos actualmente. La llama y la presión del crisol es la que divide a los líderes de los que no lo son.

Nehemías regresa al crisol por su propio error. Él asigna a un hombre en el cual no puede confiar a la posición clave de liderazgo durante su ausencia. Al comienzo, después de que los muros estuvieran construidos, él muestra gran sabiduría en asignar a dos hombres para que se hagan cargo de Jerusalén y de la seguridad. Uno de los líderes es su hermano Hanani, quien le había llevado a Nehemías la noticia original acerca de la situación difícil de su pueblo en Jerusalén.

Hanani recibe el coliderazgo, jefe de la fortaleza de Jerusalén, a quien Nehemías elogia como "varón de verdad y temeroso de Dios, más que muchos" (7:2). A ellos se les da la tarea de asegurar los portones de la ciudad organizando a todos los residentes como "guardianes de los muros" como respaldo a los guardianes oficiales. Uno puede imaginarse a Nehemías comparando estas buenas asignaciones con su mala decisión de poner a Eliasib a cargo del depósito central del Templo. Los buenos líderes hacen estas comparaciones y aprenden de ellas. Para la siguiente vez, Nehemías buscará nuevamente por un hombre de integridad "y temeroso de Dios más que muchos".

¿Qué le sucedió a Nehemías después de terminar de escribir su libro? Sabemos que sirvió como gobernador de Judá por doce años (5:14). ¿Y luego qué? ¿Salió de Jerusalén para retomar su posición de copero del rey? Si así es, él tiene que haber sentido la satisfacción de saber que había sido fiel al llamado de Dios. Al mismo tiempo, ¿no se hubiera extrañado el reto de restaurar a Israel al lugar distinguido entre las naciones?

Tal vez sea mi propia urgencia de seguir hacia adelante lo que me guía a poner las palabras en la boca de Nehemías si le hubieran ofrecido nuevamente la posición como copero: "Ya estuve allí, ya hice eso". Su alternativa era susurrar otra oración. Todo lo que sabemos de Nehemías nos lleva a la conclusión de que él encontraría significado en la voluntad de Dios, cualquiera que fuera su papel. Podemos escucharlo uniéndose al obispo de Cambry en su muy conocida oración: "Edifícame o destrúyeme —me gozo en hacer tu voluntad, oh Dios".

EL FRACASO NO ES FATAL

Al avanzar en nuestra búsqueda de grandeza en el liderazgo, encontramos que a menudo está nublado por la perspectiva del tiempo. En la historia de cada líder hay un capítulo de fracaso. El libro de Gardner Howard, *Leading Minds [Mentes que dirigen],* es el intento de un psicólogo de entrar en las mentes de personalidades del siglo 20 a los que aclamamos como grandes líderes. Mohandas Gandhi, Eleanor Roosevelt, Martin Luther King Jr., Margaret Thatcher, J. Robert Oppenheimer, y el Papa Juan XIII son algunos de sus escogidos. Tan diversas como son estas figuras célebres, Gardner encuentra una clave común para entender el liderazgo de cada uno. Todos ellos poseen la habilidad para crear e incorporan una historia efectiva que usan para darle poder a las personas comunes y corrientes.

Por ejemplo, Martin Luther King Jr. le dio poder a su gente en el sur rural, pero no pudo transferir su historia al norte urbano o a las tierras distantes de África del Sur. Mohandas Gandhi obtuvo su grandeza al incorporar el ideal de la no violencia, pero falló en llevarlo a la realidad en su propia nación. El Papa Juan XIII es acreditado por traer a la Iglesia Católica Romana al siglo 20, pero la mayoría de sus reformas no fueron afirmadas por sus sucesores. ¿Anotamos a estos líderes como fracasos? Claro que no. Cuando vemos las carreras de cada uno en su totalidad y con la perspectiva del tiempo, a ellos se los recuerda por los ideales que incorporaron y por el mensaje que comunicaron, en vez de sus fracasos.

Nehemías merece su lugar en la historia bíblica por la misma razón. Él también nos muestra el don de crear, incorporar y comunicar una historia que le da poder a personas comunes para lograr cosas grandes. Sería erróneo permitir que una mala decisión caracterizara su vida y liderazgo. Todo lo contrario, cuando vemos su vida y liderazgo en su totalidad, vemos que él merece el honor de ser conocido como un ingeniero que reconstruyó los muros de Jerusalén y un gobernador que restaura las bases de una nación. Su epitafio no debería decir: "Acuérdate de mí, Dios mío, para bien", sino más bien: "Estoy cargando un proyecto mayor y no puedo fracasar". Él es un constructor, y esta es su apelación a la grandeza.

Repasando su trayectoria

Para resumir nuestra historia de Nehemías, necesitamos ver su liderazgo con ojos de ave. Hasta aquí, hemos caminado con él un paso a la vez. Pero cuando termine la trayectoria registrada, ¿qué vemos? La siguiente gráfica nos da ese panorama.

Desarrollo del liderazgo de Nehemías

	Copero	Ingeniero	Gobernador
Tarea	Proteger al rey	Reconstruir los muros	Renovar la nación
Ámbito	Palacio	Jerusalén	Israel

	Copero	Ingeniero	Gobernador
Necesidad	Supervivencia	Seguridad	Significado
Estilo	Control autoritario	Comando transaccional	Colaboración de transformación
Carácter	Lealtad	Consistencia	Confianza
Habilidad	Perfeccionando el proceso	Motivando a la gente	Delegando autoridad
Recurso	Poder	Planeación	Persuasión
Conflicto	Conspiración	Competencia	Herejía
Rendición de cuentas	Rey	Rey/Dios	Rey/Dios/Gente
Vida espiritual	Oraciones de preparación	Oraciones de compromiso	Oraciones para que Dios lo recuerde
Metas a largo plazo	Prueba del proceso	Conclusión del plan	Implementación de la política

Al revisar esta gráfica, vemos cuán lejos ha llegado Nehemías en su proyecto de liderazgo. Él pudo haber continuado en lo cómodo como copero del rey, pero no pudo resistir responder a la necesidad de su gente. Tomando el riesgo supremo, él responde con la integridad de su carácter y las habilidades de su liderazgo. Habiendo caminado paso a paso a lo largo de su andar, ahora vemos su camino en perspectiva. Para aquellos de nosotros que aspiramos a niveles más altos de liderazgo, Nehemías nos muestra lo que está por delante. Mientras avanzamos en liderazgo:

1. Nuestra *labor* se convierte más compleja, ambigua y arriesgada.

2. Nuestro *panorama* se magnifica a una escena más grande con responsabilidades mayores.

3. Nuestra *necesidad* sube a niveles morales y espirituales.

4. Nuestro *estilo* se convierte en más colaborador.

5. Nuestra *competencia* cambia y apunta a delegar.

6. Nuestro *recurso* se inclina más hacia la persuasión.

7. Nuestro *conflicto* se torna internamente hacia la herejía.

8. Nuestra *rendición de cuentas* es diversificada entre las partes interesadas.

9. Nuestras *oraciones* reflejan más lo interior.

10. Nuestras *metas* tienden a ser a largo plazo e intangibles.

Todo el glamour de la grandeza da lugar a estas realidades. A menos que una persona tenga la pasta tanto como los dones para liderar en estos niveles avanzados, la grandeza será un sueño que lo evade. Además, recordamos que el avance del liderazgo piadoso corre en dos direcciones: hacia arriba en visibilidad y hacia abajo en espiritualidad. Nadie puede sobrevivir las esferas difíciles del liderazgo de la visibilidad sin estar cimentado en la base de la verdad espiritual. Subyacente al éxito de Nehemías está su relación íntima con su Dios y un compromiso inquebrantable con su ley y su pacto. El libro de Nehemías es la historia de un laico subiendo a lo alto y bajando a lo profundo.

El estirón de un legislador

El reto de Nehemías de ser un legislador no está incluido en la gráfica, porque es una extensión lógica de su liderazgo como gobernador. Mientras servía como gobernador, Nehemías comenzó un trabajo de base para el establecimiento con políticas permanentes basadas sobre la Ley de Moisés y el pacto de Dios. Excediéndose en esta labor, él guía a Judá a una posición de significado entre las naciones. Luego para asegurar la permanencia de estas políticas para el futuro de la nación, lo desafían a asumir el papel de legislador. Con esto va la responsabilidad de desarrollar los líderes que posean la misma visión e incorporen su mensaje.

El reto coloca a Nehemías de regreso en el fuego del

crisol. Conocido como manos a la obra quien hace milagros con proyectos de corto plazo, él ahora tiene que aprender nuevas habilidades de tutoría, delegación y confianza. Aquí es en donde él lucha, y aquí es en donde aprendemos una lección invaluable. Cada competencia tiene su lado oscuro. Nehemías tiene éxito como ingeniero reconstruyendo los muros, tiene éxito como gobernador reconstruyendo la nación, pero se queda corto como legislador asegurando liderazgo para el futuro.

Pocos de nosotros podemos estirarnos tanto. La fortaleza de Nehemías como líder de manos a la obra se convierte en su debilidad cuando tiene que delegar autoridad a otros con completa confianza y en preparar a la generación futura de líderes. Sólo sabemos que su primera decisión como legislador termina en desastre. Debido a que Nehemías termina su historia con una oración suspirada de resignación y desaparece de las demás historias bíblicas, nunca sabremos en esta vida si él salió de su crisol con las habilidades de un legislador o si suplicó hasta el fin de sus días: "Acuérdate de mí, Dios mío, para bien".

Así que, ¿qué es grandeza en el liderazgo? ¿Califica Nehemías? Nuestra primera pregunta continúa persiguiéndonos. Antes de sacar cualquier conclusión, necesitamos poner la trayectoria del liderazgo de Nehemías en el balance de la historia.

DESARROLLANDO NUESTRO LIDERAZGO

Ejercicio 7

Recuerde su propia trayectoria usando la gráfica del desarrollo de liderazgo de Nehemías. Hágase a usted mismo estas preguntas, y cuéntele sus respuestas a un colega:

1. ¿Qué nivel de liderazgo —copero, ingeniero, gobernador, o legislador— se semeja más para describir su rol presente y su responsabilidad?

2. ¿Qué competencias aprendidas en el crisol transfieren a su papel actual, y cuáles no?

3. Si usted está subiendo en visibilidad, ¿también está yendo hacia abajo en profundidad espiritual?

4. ¿Qué habilidades especiales trae usted a su liderazgo? ¿Cuál es el lado oscuro de esas habilidades?

5. Al anticipar usted el futuro, ¿cuál es el papel de liderazgo que lo llevará a su nivel de incompetencia?

6. ¿Está usted identificando a líderes potenciales que posean su visión y que incorporen su mensaje? ¿Cómo los está preparando a ellos para un liderazgo futuro?

Hasta que no nos hagamos estas preguntas, no estamos logrando nuestra completa responsabilidad como líderes cristianos. Jesús es nuestro ejemplo. Aunque Él era completamente Dios y completamente hombre, se dio cuenta de los límites de su presencia física y preparó a sus discípulos para cumplir con la Gran Comisión. No podemos hacer nada menos. El liderazgo como sucesión es nuestra obligación solemne y nuestra oportunidad gozosa.

… Yo hago una
gran obra,
y no puedo ir…
  (6:3).

–La prueba de grandeza de Nehemías.

8 - La balanza de grandeza

La cualidad que no se puede enseñar

La teoría del liderazgo tiene el sonido de "efectividad" y de "éxito". Las palabras no son sinónimas. Un líder efectivo es uno que logra las metas establecidas por la organización, mientras que un líder exitoso es alguien cuyos logros son aclamados por los compañeros o por la opinión pública. Ningún término conlleva peso moral.

Hugh Hefner, fundador de la revista *Playboy*, es un líder efectivo logrando las metas corporativas y un líder exitoso en influenciar la actitud completa de cambio hacia el sexo en la cultura común. Pero, si introducimos valores morales a la ecuación, él es un "mal líder" a la vista de creyentes bíblicos y un "buen líder" para las mentes de la generación X. ¿Existe alguna forma en la que él es grande? Si la grandeza se determina por el logro de metas y la aclamación del éxito, él es grande. Si la grandeza depende de la incorporación del mensaje del líder, la promiscuidad de Hefner es legendaria. O si la grandeza significa una transformación de actitud cultural entre las masas, las cualidades de Hefner califican para el reconocimiento. Sin embargo, si las dimensiones morales y espirituales son añadidas a la ecuación, Hefner se cae de la balanza.

LA BÚSQUEDA DE LA GRANDEZA

En su libro *Good to Great,* Jim Collins identifica cinco etapas progresivas de desarrollo (p. 20). Las primeras cuatro etapas están basadas en las competencias del buen liderazgo, comenzando con los dones individuales y escalando al trabajo en grupo, administración efectiva, visión estratégica y compromiso. El paso 5 es un salto hacia la grandeza. Collins dice que un gran líder es "humilde y carece de temor". Esta es la cualidad paradójica que separa a los líderes buenos de los grandiosos. Él agrega que le podemos enseñar a los líderes las competencias para ser buenos líderes, pero que no le podemos enseñar grandeza porque no podemos enseñar humildad o el no tener miedo.

¿Cuál es la cualidad de grandeza en el liderazgo cristiano que no puede enseñarse? La respuesta a nuestra pregunta está en la esfera moral y espiritual. Dándole nuevamente un vistazo a la trayectoria de liderazgo de Nehemías, nos damos cuenta de que existe una "constante" que no cambia mientras que él sigue adelante hacia nuevos retos. Su integridad personal nunca es comprometida, y su relación espiritual con Dios nunca se rompe. Estas son cualidades que no pueden enseñarse. Humildad, entonces, es un

140

resultado natural, porque los líderes piadosos dependen de un recurso que no es el propio. Basándonos en este criterio, Nehemías califica para la grandeza, aún cuando él nunca entró a la lista de héroes de la fe en el libro de Hebreos, ni termina su carrera con una gloria deslumbrante.

No podemos detenernos aquí. Una trayectoria hacia la grandeza incluye "disponibilidad" como otra cualidad que se reconoce tanto en lo secular y en la teoría cristiana. Warren Bennis llama a esto "persistencia" en su libro: *Leaders: Four Strategies for Taking Charge [Líderes: Cuatro estrategias para hacerse cargo]* (p. 45). Una de las cuatro estrategias que los autores recomiendan es "confianza a través de posicionamiento". Ellos se están refiriendo a un líder que toma la posición y la sostiene con persistencia. Los autores están endosando consistencia, no rigidez. Confianza, la esperanza más alta del liderazgo, es el resultado. Nehemías nos muestra esta estrategia durante la reconstrucción de los muros como también durante la reconstrucción de la nación. A pesar de todos los obstáculos que lo confrontaban, él no se mueve de su posición.

Cuando Sambalat trata de convencerlo de dejar su trabajo y que bajara de los muros a una reunión cumbre para aclarar sus diferencias, Nehemías demuestra el significado de "confianza a través de posicionamiento" para todos los líderes futuros. Sólo nos podemos imaginar la respuesta de sus compañeros de trabajo cuando lo escuchan decir: "Yo hago una gran obra, y no puedo ir". La esperanza se eleva y las dudas desaparecen mientras que las personas regresan a su trabajo con renovado vigor.

En uno de mis libros de liderazgo, hago una declaración: "Fidelidad, y no éxito, es la norma para el liderazgo cristiano" (David L. McKenna, *Nunca parpadee en una tormenta de granizo y otras lecciones de liderazgo* [Grand Rapids: Baker Books, 2005], p. 24). Un comerciante que revisó el manuscrito escribió en respuesta que este acercamiento nunca vendería. Los líderes jóvenes sólo están interesados en promoción y éxito. Tal vez tenga razón. Si es así, esto ilustra cuán grande es la disyuntiva entre el liderazgo secular y el cristiano. Éxito no es un concepto bíblico. En cualquier momento que levante su horrible cabeza en la presencia de Jesús, Él lo rechaza.

La parábola de los talentos es justo una de las muchas ilustraciones. Cuando los administradores regresaron con un reporte de la inversión de sus talentos, el maestro honra a aquellos que multiplicaron el don original con el elogio: "… Bien, buen siervo y fiel; sobre poco has sido fiel, sobre mucho te pondré; entra en el gozo de tu señor" (Mateo 25:23). Jesús está enunciando un principio bíblico para nosotros. La fidelidad es socia de la bondad como el estándar para la grandeza en el servicio cristiano.

Aprendí esta lección mientras escribía *El comentario del comunicador de Isaías.* En el muy mencionado pasaje pero a menudo predicado con poca profundidad acerca de la confrontación de Isaías con el Dios santo, en el capítulo 6, la mayoría de los predicadores se detienen con la respuesta del profeta: "… ¡Heme aquí, envíame a mí!" (Isaías 6:8). Ellos omiten el resto de la historia. Isaías ahora escucha los detalles del llamado de Dios: "Anda, y di a este pueblo…" —un mensaje que van a oír, pero no entenderán, verán, pero no percibirán. Si lo hacen, tendrán que convertirse de sus malvados caminos para poder ser sanados (Isaías 6:9-10). Isaías protesta: "¿Hasta cuándo, Señor?" (Isaías 6:11).

La respuesta de Dios no es fácil para aquellos de nosotros que somos propensos a una respuesta inmediata y un arreglo rápido. Dios le cuenta a su profeta escogido que él tiene que mantenerse fiel a su mensaje aun cuando la gente no va a escuchar y aún cuando él ya haya partido por mucho tiempo, antes que sus palabras proféticas se hagan realidad y la promesa del Mesías se cumpla (Isaías 6:11-13).

FIDELIDAD RADICAL

La fidelidad toma nuevas dimensiones radicales con la respuesta de Dios ante la petición de Isaías. Es más que lograr resultados instantáneos, y más grande que ganar la aclamación del éxito público. Un líder que es fiel a pesar del rechazo público, fiel a una visión que no se llevará a cabo durante el término de su vida es un verdadero candidato para la grandeza.

Es tiempo de trazar una línea, no sólo en la arena, sino en las crónicas para definir grandeza en el liderazgo. El síndrome del éxito en el desarrollo de liderazgo necesita ser expuesto como anticristiano, junto con la predicación de la prosperidad, el motivo de entretenimiento para la adoración, y la mentalidad de mercado para el crecimiento de la iglesia. La fidelidad tiene que tomar su lugar como una cualidad de liderazgo que no puede ser enseñada. Además, no nos atrevemos a alejarnos de la naturaleza radical de la fidelidad en términos bíblicos. Se llama a los líderes piadosos a ser fieles a las *tareas* de Dios, sin la seguridad de éxito, fieles al *mensaje* de Dios, sin la seguridad de ser oídos, y fieles a la *visión* de Dios, sin la seguridad de ver su cumplimiento antes de partir de este mundo.

¿Cómo medimos a Nehemías en relación a esta norma de grandeza? Su disponibilidad de ir a Jerusalén para reconstruir los muros en contra de las probabilidades abrumadoras es testigo de su fidelidad a su labor sin la seguridad de éxito. Su persistencia en renovar y reformar la nación testifica la fidelidad de su mensaje sin la seguridad de ser oído. Su desaparición del escenario de la historia, después de sus esfuerzos finales de reformar, confirma su fidelidad a una visión sin la seguridad de verlo realizado.

¡No nos equivoquemos! La fidelidad no sustituye a la falta de efectividad, tampoco es una excusa por falta de resultados. La falta de competencia no es más aceptable en el desarrollo del liderazgo cristiano que la falta de carácter.

Nehemías es un líder competente con la evidencia de resultados y el récord del éxito. Aún después de haber cometido el error de asignar a Eliasib para cuidar el depósito central del Templo, él no pierde tiempo para confrontar a los culpables y en limpiar la corrupción. Carácter y competencia van mano a mano a lo largo de la trayectoria de su liderazgo.

UNA PREGUNTA INSISTENTE

¿Qué le sucede a Nehemías después de haber terminado su período como gobernador y retornar a la corte del rey Artajerjes? Debo confesar que me estremezco al pensar que Nehemías regresa a su antiguo papel de copero después de terminar su período como gobernador. Debido a que he estado completamente inmerso en el síndrome del éxito basado en el progreso y la promoción, no puedo concebir un retorno en nuestro viaje de liderazgo que nos lleve de regreso a un papel antiguo o más pequeño.

Tantas veces he testificado que Dios siempre nos lleva hacia delante a horizontes más anchos y brillantes en su buena voluntad. También he declarado que como pioneros de la fe, nunca nos quedamos alrededor de las carretas para protegernos a nosotros mismos. Así que, cuando vienen las oportunidades de hablar en conferencias, atender reconocimientos de honor, o servir en juntas y comités que son repeticiones del pasado, detrás de mi declinación de la invitación suelo comentar en voz baja: "Ya estuve allí, ya hice eso".

La jubilación ha puesto un giro diferente en la idea de moverse hacia adelante y hacia arriba en un viaje sinfín. De repente, me encuentro a mí mismo sin una posición de liderazgo, título, o tarea. En un sentido, puede significar que el viaje de liderazgo ha llegado a su fin. Con cada año de edad, las invitaciones para el compromiso activo, ya sea para hablar, consultar, y servir en juntas o comités, continúa encogiéndose en número. Confieso que todavía necesito ser solicitado y estimado, pero el Espíritu de Dios me está enseñando lo opuesto.

Después de años de acción ejecutiva en un establecimiento académico, el Espíritu Santo me ha puesto en un sendero avanzando en áreas más grandes de la mente y el espíritu. Ya no tengo que leer libros sólo para mantenerme en mi área, y ya no tengo que orar para mantenerme arriba con las demandas de administración. Más y más me encuentro regresando a los clásicos para poder llenar un hueco de mi educación liberal, agrandando mi esfera de oración hacia los niños del vecindario para los que yo soy el "abuelo Dave", y aprendiendo lo que significa llorar con los que lloran, con los que están heridos y sin ayuda.

LIDERANDO DE ABAJO PARA ARRIBA

Al escribir este libro, muchas veces sentí la frustración de no saber lo que le sucedió a Nehemías después de que él cerrara el libro que lleva su nombre. Un momento en el que estaba despierto en medio de la noche el Espíritu

Santo me trajo una revelación inspirada. Me di cuenta de que había visto la trayectoria del liderazgo de Nehemías desde arriba hacia abajo, en vez de abajo hacia arriba. Yo era una víctima de la mentalidad de los que hablan de liderazgo que sirve, pero que practicaba la del líder que es servido.

¡Reconozcámoslo! Aún en la comunidad cristiana, exaltamos el liderazgo y toleramos el servicio. Jesús cambia el sonido de este pensamiento cuando dice: "Si alguno quiere ser el primero, será el postrero de todos, y el servidor de todos" (Marcos 9:35*b*). Él no da lugar a dudas acerca del orden del servicio y del liderazgo. Sin embargo, si pensamos en nuestra obsesión con el tema del liderazgo, tenemos que confesar que el orden está al revés. La grandeza se define por el liderazgo y la bondad se define por la servidumbre. Con esta mentalidad, Nehemías se convierte en un buen líder, pero no grandioso —a menos que pensemos de otra manera.

Cuando presenté a Nehemías al comienzo de este viaje hacia el liderazgo, yo escribí: Cada vez que leo la historia de Nehemías, me detengo a pensar cuando él declara: "Yo era el copero del rey". Ahora al llegar al final de su camino, las palabras regresan nuevamente como un rayo de luz para despertar nuestro entendimiento. Nehemías es un sirviente sosteniendo la copa del rey desde el comienzo hasta el final. A pesar de que él es asignado por un período de escasos doce años como líder en Judá, todavía ve su rol principal como sirviente del rey. Esto responde a la pregunta acerca del futuro de Nehemías después de reconstruir los muros de Jerusalén y de renovar la nación de Israel. Él regresa a su papel permanente como copero y continúa sirviendo hasta que se jubila o muere. Como Paul Harvey diría: "¡Ahora usted sabe el resto de la historia!"

Una posdata no escrita

Nehemías es el héroe de la gente común.

Se ve a sí mismo como un siervo en vez de líder.

Ejercita una fe sencilla en lugar de tener una visión grandiosa.

Funciona en un papel rutinario en lugar de un trabajo glamoroso.

Es miembro del laicado en lugar del sacerdocio.

Es un ingeniero en lugar de un empresario.

Se ofrece de voluntario para servir a una necesidad humana en vez de contestar al llamado de dirigir una nación.

Pide gracia en vez de poder.

Le pide a otros ayuda en lugar de hacerlo todo por sí mismo.

Sirve desinteresadamente en lugar de explotar sus gratificaciones.

Se identifica con los pobres en vez de los poderosos.

Mantiene su integridad en vez de sucumbir a las lisonjas.

Se destaca en una labor tangible en lugar de tratar de ganar el mundo.

Acepta los límites de su liderazgo en vez de tomar riesgos innecesarios.

Decide salir a tiempo en vez de quedarse más de lo necesario.

Regresa a su papel de sirviente en vez de pasearse por los vestigios del liderazgo.

Si a Nehemías le preguntaran: "¿Se ve a usted mismo como siervo o como líder?" Podemos estar seguros de que simplemente diría: "Yo servía de copero al rey". Por su respuesta entendemos porqué los eruditos ven a Nehemías como un modelo de Cristo.

Nehemías encarna el Espíritu de Dios en la existencia de cada día.

Sirve a la necesidad humana por amor a Dios.

Obedece la voluntad de Dios hasta el puro final.

Abandona el escenario contando con Dios para que lo honre por su fidelidad.

Por lo menos, Nehemías y Jesús son hermanos del alma.

¿Es Nehemías otro gran líder? No —si pensamos que un líder grandioso se eleva a alturas visibles y termina en una llama de gloria. Sí —si tomamos seriamente las palabras de Jesús cuando Él dice: "El que quiera hacerse grande entre vosotros será vuestro servidor, y el que de vosotros quiera ser el primero, será siervo de todos" (Marcos 10:43*b*-44).

Y sí, nuevamente, si creemos que la fidelidad y la humildad son cualidades del servicio, eso no puede ser enseñado.

La historia de Nehemías tiene una palabra final para el desarrollo de los líderes piadosos en nuestra generación. En la trayectoria del liderazgo de bueno a grandioso, nuestra oración constante tiene que ser que aquellos que vienen después de nosotros se enteren de que nosotros fuimos fieles a Dios.

O si grabáramos el epitafio de Nehemías en piedra para que todas las generaciones futuras leyeran, qué mayor tributo se le podría dar que el de recordar a un siervo humilde por sus palabras: "Yo servía de copero al rey".

Desarrollando nuestro liderazgo

Ejercicio 8

Si el liderazgo cristiano comienza con la muerte a sí mismo, y si la grandeza comienza con servicio, la mayoría de las teorías actuales del desarrollo de liderazgo las volteamos al revés. Como líder cristiano, ya sea laico o del clero, hágase las siguientes preguntas con una honestidad brutal:

¿Es mi motivación principal ser un sirviente o un líder?

¿Cómo responderían mis superiores, compañeros, y subordinados a esta misma pregunta acerca de mí?

Si usted se identifica a usted mismo como "siervo líder", ¿cómo reconcilia las expectativas competitivas de ser un "sirviente" y un "líder"?

Piense en un gran líder que usted conozca. ¿Cómo distinguir la humildad y la fidelidad de su grandeza? Si la humildad y la fidelidad no se pueden enseñar, ¿cómo las podemos aprender? ¿Es el crisol la prueba del carácter y de la competencia también el aprendizaje para la grandeza?

¿Cómo le está enseñando el Espíritu Santo a ser humilde y fiel?

Si usted tuviera que escribir su propio epitafio, ¿qué quisiera que otros leyeran?

Una palabra final de ánimo para los actuales líderes cristianos en desarrollo: la grandeza en el liderazgo cristiano es como el gozo de la vida cristiana. Si usted lo busca, lo elude; pero una vez que el enfoque está en el Santo, usted se sorprenderá. Jesús nos despierta el apetito por el elemento de la sorpresa cuando Él anuncia la procesión final hacia el reino de los cielos cuando "muchos primeros serán postreros, y los postreros, primeros" (Marcos 10:31). ¡Piense en el privilegio de marchar a través de los portones, brazo a brazo con Nehemías!

Lightning Source UK Ltd.
Milton Keynes UK
UKHW040646051222
413345UK00005B/782